APÓSTOLES y profetas

HÉCTOR TORRES

APÓSTOLES y profetas

La restauración

de su influencia en

el nuevo siglo

Betania es un sello de Editorial Caribe

© 2000 **Editorial Caribe**
una división de Thomas Nelson, Inc.
Nashville, TN — Miami, FL (EE.UU.)

E-Mail: editorial@editorialcaribe.com
www.caribebetania.com

ISBN: 0-88113-589-5

Composición tipográfica: *A&W Publishing Electronic Svcs.*

Impreso en Estados Unidos
Printed in United States

Contenido

Prólogo

A comienzos del siglo XXI, la iglesia se encuentra en una situación privilegiada. Es evidente que Dios está decidido a hacer algo asombroso en el mundo de hoy, permitiéndonos ver abundante fruto evangelístico, mientras que los santos comunes de Dios hacen señales y prodigios del tipo del Nuevo Testamento.

Un elemento central a esta situación que vive la iglesia y de la que estamos siendo testigos es la restauración, después de mucho, mucho tiempo, de los oficios de apóstol y profeta. Héctor Torres ve esto con toda claridad. Es una de las personas que oye lo que el Espíritu está diciendo a las iglesias. Este libro aparece en el momento preciso. La restauración de apóstoles y profetas es uno de los primeros libros en este importante mover de Dios, y es bueno. Héctor no solo comparte su propia visión, sino que ha logrado reunir un equipo que representa la más alta calidad del pensamiento actual sobre la materia.

Debido a que el reconocimiento de los oficios de apóstol y profeta es tan nuevo, me imagino que muchos lectores de este libro se van a sentir un poco incómodos al comenzar la lectura. Es de esperarlo. Pero en este prólogo quiero describir el fundamento histórico sobre el cual Dios está construyendo hoy día.

Las raíces históricas de este nuevo mover de Dios hay que ubicarlas en la Reforma Protestante. La teología de la Reforma continúa firme a pesar de nuestras opiniones sobre la autoridad de la Escritura, la justificación por la fe y el sacerdocio de todos los creyentes. Otro componente clave es el pensamiento de Juan Wesley sobre la santidad personal. El moderno movimiento misionero, iniciado hace 200 años, nos ha quitado cualquiera duda sobre nuestro papel en difundir el evangelio alrededor del mundo.

En el siglo XX, el Movimiento Pentecostal ha enfatizado la Tercera Persona de la Trinidad enseñándonos que la propagación del evangelio debe ir acompañada por un poder sobrenatural. En la década de los 50, con el comienzo del ministerio de Billy Graham, Oral Roberts, T.L. Osborne, Morris Cerullo y muchos otros, la evangelización pasó a ocupar el primer lugar. La década del 60 trajo una nueva conciencia entre los cristianos para ayudar a los pobres y a los oprimidos. En la década del 70 nació el gran movimiento global de oración. En la década del 80 empezó a reconocerse el don y oficio del profeta y el don y el oficio de apóstol tomó relevancia en la década del 90.

Es extraño que los líderes cristianos no hayan empezado a entender el verdadero gobierno de la iglesia sino hasta hace poco. El Nuevo Testamento está lleno de revelación sobre las funciones de los apóstoles y los profetas. De hecho, ellos son los verdaderos fundamentos de la iglesia: «[La familia de Dios] edificados sobre el fundamento de los apóstoles y profetas, siendo la principal piedra del ángulo Jesucristo mismo» (Efesios 2.20). No obstante el pasado, es excitante ser parte de la generación que ahora es vista como la estructura de la iglesia como originalmente Dios la diseñó que fuera.

Al leer La restauración de apóstoles y profetas usted verá claramente el perfil que la iglesia está tomando. Estará bebiendo del río de Dios. Y le aseguro que para cuando termine, usted mismo estará fluyendo en ese río divino.

C. Peter Wagner, Chancellor
Wagner Leadership Institute

PREFACIO

Los grandes movimientos cristianos del pasado han servido un propósito vital en sus tiempos para mover la Iglesia hacia la restauración de todas las cosas. Con la restauración de los dones ministeriales del apóstol, profeta, evangelista, pastor y maestro de Efesios 4, el Cuerpo de Cristo está comenzando a llegar a su madurez. Únicamente cuando el oficio del apóstol sea restaurado podremos llegar a la plenitud de Cristo (Hebreos 3.1) dentro de su pueblo.

Vivimos en un tiempo *kairos* para la humanidad, un tiempo de transición. Al entrar al siglo veintiuno, la Iglesia debe ser restaurada en su plenitud como ha sido el propósito eterno de Dios para cumplir el mandato de la Gran Comisión y discipular a las naciones para el Señor Jesucristo. Este período de transición se ha llamado «postdenominacional» o «la nueva reforma apostólica». Debe demostrarse esta generación del apóstol con poder, no simplemente con elocuentes palabras, si deseamos ver productividad que transforme al mundo entero. Cuando miles de apóstoles comiencen a levantarse en su ministerio, la Iglesia será desenlazada para discipular con efectividad las naciones que estén abiertas a recibir el Señorío de Cristo.

La cosecha no puede ser segada sin este oficio fundamental. Estamos viendo al Padre levantar una nueva generación de apóstoles y personas apostólicas tomando su lugar en la tierra, brindando un valioso aporte a la obra de Dios. Esto requiere de una fresca unción y de personas deseosas de abrazar lo nuevo mientras se aferran a los fundamentos del ayer. Esto ha de requerir personas de unción e integridad para marcar el paso hacia la toma de ciudades y naciones como lo hizo la Iglesia del primer siglo, de esta manera establecer el dominio de Cristo aquí en la Tierra.

Dr. Stan DeKoven, Presidente
Universidad Visión Internacional
Ramonita, California, Estados Unidos

Introducción

Jehová había dicho a Abram: Vete de tu tierra y de tu
parentela, y de la casa de tu padre, a la tierra que te mostraré.
Y haré de ti una nación grande, y te bendeciré, y engrande-
ceré tu nombre, y serás bendición. Bendeciré a los que te
bendijeren, y a los que te maldijeren, maldeciré; Y serán
benditas en ti todas las familias de la tierra.

Génesis 12.1

Cuando Dios quiere hacer algo nuevo en nuestras vidas, generalmente nos pide algo que requiere el abandono de aquello que es conocido, cómodo y a lo cual estamos atados emocional y espiritualmente. Debemos observar que la Biblia nos dice que Jehová «había dicho»; es decir, que en el pasado Dios había estado hablando a Abram acerca de los cambios que deseaba hacer para que fuera bendecido.

Una de las cosas más difíciles para un individuo es el abandonar o salir de donde se siente cómodo, de donde se siente seguro, del lugar familiar. Por esto, aunque muchas veces Dios nos dice algo, tardamos en obedecer y muchas veces necesitamos que alguien nos empuje u obligue a tomar los pasos iniciales para hacer estos cambios. En el caso de Abram, Dios usó a su padre Taré para sacar a Abram del sitio donde moraba. Es de entender que aunque Dios había dicho a Abram que lo abandonara todo y que recibiría bendición, este nunca tomó los pasos necesarios hasta que su padre lo hizo por él.

Y tomó Taré a Abram su hijo, y a Lot hijo de Harán, hijo de su hijo, y a Sarai su nuera, mujer de Abram si hijo, y salió con ellos de Ur de los caldeos, para ir a la tierra de Canaán; y vinieron hasta Harán, y se quedaron allí. Y fueron los días de Taré doscientos cinco años; y murió Taré en Harán. Génesis 11.31-32

Muchos deseamos que Dios nos hable y nos revele sus planes para nuestra vida. Sin embargo, no estamos interesados en hacer cambios o ajustes a nuestra vida. Bíblicamente, esto es algo imposible. Siempre que Dios habla a sus siervos en la Biblia acerca de sus planes y propósitos, demanda de ellos cambios y ajustes en sus vidas y en sus planes para ajustarse a los suyos. Estar dispuestos a ajustar nuestra vida, nuestras creencias, nuestros planes y aún nuestro lugar de habitación es un punto crítico para poder experimentar los propósitos de Dios en nuestras vidas.

Dios siempre está haciendo algo nuevo y diferente para el progreso de su Reino. Todo progreso trae cambios. Todo crecimiento produce cambios y todo cambio trae nuevos retos. Bien cabe decir que no todo cambio representa progreso, pero sin el cambio no puede haber progreso.

No escribo este libro para impresionar a nadie. Espero que por medio de su contenido puedas tener una experiencia nueva y fresca con Dios. Para poder proceder con Dios tenemos que estar dispuestos a cambiar las cosas que han dejado de ser efectivas y buscar las cosas nuevas que Dios desea hacer.

Si verdaderamente deseamos ver un despertar espiritual, experimentar un avivamiento, romper brechas y transformar nuestras comunidades, quizás tenemos que admitir que los métodos y las estrategias que hemos estado usando no han sido efectivos, no han traído los resultados anhelados y que es necesario hacer cambios. Para ver cosas nuevas tenemos que emprender cosas nuevas.

Dios le pidió a Abram que abandonara su tierra, su parentela y la casa de su padre. Si Abram estaba dispuesto a obedecer las demandas de Dios, recibiría grandes y maravillosas bendiciones.

En las próximas páginas permita que Dios le hable, escuche con su espíritu, abra su corazón, no critique y esté dispuesto a abrir sus oídos y su corazón. Para algunos los cambios serán radicales; para otros serán solo algunos pequeños ajustes, y para aún otros será una confirmación para continuar en el camino que están marchando.

Así Abraham creyó a Dios y le fue contado por justicia. Sabed, por tanto que los que son hijos de fe, estos son hijos de Abraham. Y la escritura, previendo que Dios había de justificar por la fe a los gentiles, dio de antemano la buena nueva a Abraham diciendo: En ti serán benditas todas las naciones. De modo que los que son de fe son bendecidos con el creyente Abraham. Gálatas 3.6-9

Dios esencialmente le dijo: Si escuchas y obedeces te bendeciré. No podemos poner vino nuevo en odres viejos, porque se explotarán y se perderá el vino. Asimismo, no podemos permanecer en el pasado si deseamos alcanzar el futuro. Lucas describe las palabras de Esteban ante el concilio Judío sobre el llamado a Abraham diciendo:

Varones hermanos y padres, oíd: El Dios de la gloria apareció a nuestro padre Abraham, estando en Mesopotamia, antes que morase en Harán, y le dijo: Sal de tu tierra y de tu parentela, y ven a la tierra que yo te mostraré. Entonces salió de la tierra de los caldeos y habitó en Harán; y de allí muerto su padre, Dios le trasladó a esta tierra, en la cual vosotros habitáis ahora. Y no le dio herencia en el, ni aun para asentar un pie; pero le prometió que se la daría por posesión, y a su descendencia después de él, cuando él aún no tenía hijo. Hechos 7.2-5

Dios tiene un propósito para cada generación y Dios nos está proveyendo con avances tecnológicos, económicos y espirituales para el nuevo milenio. La Iglesia del siglo veintiuno no puede permanecer con la mentalidad del siglo veinte, así como la Iglesia del siglo veinte no permaneció en los parámetros del siglo diecinueve.

Para que en Cristo Jesús la bendición de Abraham alcanzase a los gentiles, a fin de que por la fe recibiésemos la promesa del Espíritu. Gálatas 3.14

El reto de Dios es de abandonar nuestra comodidad y extender nuestra visión. Subir a un nuevo nivel de fe para ver nuevas manifestaciones de la gloria de Dios. Dios anhela que vivamos de fe en fe y de gloria en gloria. Para Dios no es muy importante lo que sabemos o conocemos sino el tener un espíritu enseñable y abierto para escucharle a Él.

Si queremos estar sincronizados con Dios, tenemos que ser obedientes y enseñables. Esto va a requerir estar dispuestos a pagar el precio que Dios demande de nosotros.

En Mateo 1.18-25 el ángel del Señor revela a José los planes de Dios para poder enviar al Mesías prometido. Las palabras del ángel retan todos los aspectos de la vida de este varón de Dios. Como estaba comprometido con María, debía aceptar el hecho de que su prometida estaba en cinta con un bebé engendrado milagrosamente. Debía afrontar las tradiciones judías y las murmuraciones de sus contemporáneos (Mateo 1.18-21) y obedecer a Dios (Mateo 1.24-25)

Posteriormente Herodes se propone masacrar a los niños menores de dos años, y nuevamente el ángel del Señor se le aparece en sueños para ordenarle tomar al niño y su madre y llevarlo a Egipto y permanecer allí hasta la muerte de Herodes. Estos cambios ciertamente radicales demandaban la obediencia a abandonarlo todo para lograr el propósito de Dios para la humanidad entera. Al estar dispuestos a estas cosas descubriremos nuestro divino destino.

Algunos de los ajustes o cambios de paradigma que Dios requiere de nosotros pueden ser en diferentes áreas.

- *En nuestras circunstancias (trabajo, finanzas, hogar)*

- *En nuestras relaciones (prejuicios, métodos, negocios)*

- *En nuestras predisposiciones o doctrinas (en la familia, la iglesia, el trabajo, la tradición, etc.)*

- *En nuestras acciones (orar, dar, servir, amar, vivir, etc.)*

- *En nuestras creencias (acerca de Dios, sus propósitos, sus caminos y la relación con Él)*

Entiendo que algunas partes de este libro serán controversiales, pero debo tomar el riesgo que Dios demanda si deseo compartir y ver un cambio en la Iglesia de Latinoamérica. Los cambios siempre traen repercusiones hostiles de parte del orden establecido. Jesucristo atacó los errores y la hipocresía de los fariseos y saduceos y estuvo dispuesto a morir por causa de la reforma. Martín Lutero y otros patriarcas de la Reforma Protestante refutaron el error doctrinal de la Iglesia pues su objetivo era predicar y enseñar la verdad sin importar el costo.

Por la gracia de Dios, he sido puesto en un lugar estratégico para la Iglesia en los últimos tiempos. Dios nos ha dado el privilegio de trabajar con grandes siervos y siervas de Dios en Latinoamérica, en los Estados Unidos y alrededor del mundo. Debido a esto, he podido observar de cerca el mover del Espíritu Santo y sentarme en la mesa de aquellos que están en la vanguardia de la nueva Reforma Apostólica.

Mi anhelo ferviente es que todos los que están abiertos al mover frescos del Espíritu puedan recibir una confirmación de lo que está ocurriendo, aclarar algunas preguntas y recibir una instrucción básica y fundamental para el proceder de Dios en sus vidas y ministerios.

El apóstol Juan por inspiración del Espíritu Santo escribe a los Santos:

Estas cosas os he escrito a vosotros que creéis en el nombre del Hijo de Dios, para que sepáis que tenéis vida eterna, y para que creáis en el nombre del Hijo de Dios.(1 Juan 5.3)

Así mismo el apóstol Lucas declara que el propósito al escribir el evangelio era presentar por orden todas las cosas que Jesús comenzó a hacer y enseñar (Hechos 1.1), de manera que Teófilo conociera las evidencias históricas de las enseñanzas que había recibido (1.4). Sin reclamar el mismo nivel de inspiración de los apóstoles mencionados, ni mucho menos la autoridad de estos, mi deseo es compartir el origen de este nuevo movimiento apostólico y profético y un relato cronológico de los acontecimientos que lo rodean.

Mi oración es que el lector sea informado, establecido y, porque no decirlo, bendecido con el contenido de este libro. Los partícipes en el contenido de este son hombres altamente reconocidos por sus ministerios internacionales. Son apóstoles y profetas que están a la vanguardia de la nueva reforma apostólica.

La restauración de todas las cosas

*Así que arrepentíos y convertíos para que sean borrados vuestros pecados; para que vengan de la presencia del Señor tiempos de refrigerio, y él envíe a Jesucristo, que os fue antes anunciado; a quien de cierto es necesario que el cielo reciba hasta los tiempos de **la restauración de todas las cosas**, de que habló Dios por la boca de los santos profetas que han sido desde el tiempo antiguo.*

Hechos 3.19-21

En los últimos tiempos viviremos momentos de refrigerio, es decir, un periodo de refrescante avivamiento como resultado de un arrepentimiento genuino, y como antesala al retorno del Señor Jesucristo, según lo que declara el apóstol Pedro. Pero para que esto ocurra hay una condición: es necesaria la *restauración de todas las cosas*. La palabra restauración significa volver a poner algo o a alguien en el estado que antes tenía. Si se restaura es porque la condición original de algo se ha deteriorado o simplemente se ha descuidado hasta el punto de causar su destrucción. La restauración es, pues, el proceso de corregir una condición a través de un proceso de cambio.

La Escritura nos muestra que cuando Dios restaura, las cosas no solo regresan a su condición original, sino que la obra restaurada supera al original. Por ejemplo, en la ley mosaica, si alguno era hallado culpable de robo tenía que devolver el equivalente a cuatro o cinco veces lo robado. Cuando Dios le restauró a Job lo que Satanás le había robado, lo bendijo más abundantemente y le dio el doble de lo que había perdido. El profeta Joel —al cual hace referencia el apóstol Pedro— declaró que el derramamiento postrero sería más grande que el primero. Cuando Dios restaura, él multiplica y por esto la iglesia de los últimos tiempos está siendo restaurada en una forma más poderosa y más gloriosa que la primera iglesia.

> *Vosotros también hijos de Sion, alegraos y gozaos en Jehová vuestro Dios; porque os ha dado la primera lluvia a su tiempo, y hará descender sobre vosotros lluvia temprana y tardía como al principio. Las eras se llenarán de trigo, y los lagares rebosaran de vino y aceite. Y os restituiré los años que comió la oruga, el saltón, el revoltón y la langosta, mi gran ejército que envié contra vosotros. Comeréis hasta saciaros, y alabareis el nombre de Jehová vuestro Dios, el cual hizo maravillas con vosotros; y nunca jamás será mi pueblo avergonzado.*
>
> Joel 2.23-26

El verbo *restituir* es el mismo que se usa para restaurar o devolver. El profeta Isaías, al describir a un pueblo de Dios «saqueado y pisoteado, atrapado, escondido y despojado» (Isaías 42.22), parece estar hablando de la condición espiritual de la iglesia hoy día. Esta descripción concluye con un mandato del trono celestial, una orden del comandante de los ejércitos celestiales: *Restituid.*

Al dar esta orden se implica que Dios pide nuestra colaboración para lograr los propósitos que él desea alcanzar. ¡El Dios soberano decide involucrarnos en sus planes y propósitos! Somos *colaboradores de Dios* (1 Corintios 3.9) y hemos sido llamados a continuar con la obra que Jesucristo comenzó a hacer y a enseñar (Hechos 1.1).

A lo largo de la historia, el Señor ha estado restaurando a su iglesia *todo* lo que el enemigo le había robado, por medio de engaños y filosofías falsas basadas en tradiciones de hombres y no en Cristo.

El ministerio de Jesucristo apareció en la escena de Israel en un tiempo en que Dios no hablaba a su pueblo hacia más de cuatrocientos años. El pueblo de Dios se había «acostado» con el gobierno de Roma. Decidió echar a un lado los preceptos y enseñanzas de los profetas para evitar la confrontación y así retener el control sobre el pueblo de Israel. Entonces, aparece Jesús. Este se presenta como enviado de Dios, apóstol, embajador del trono celestial y llega comisionado con poder y autoridad para confrontar, juzgar y reformar la casa de Dios.

El profeta Hageo había declarado que la gloria de la casa postrera sería más grande que en la casa primera. Para cumplir la profecía, Jesús se manifestó para restaurar lo que el pueblo había perdido. Estas son las cosas que el ministerio apostólico de Cristo vino a restituir:

- *La sana doctrina*
- *El poder y la autoridad de Dios*

- *El gobierno o juicio de su pueblo*
- *Una nueva y fresca revelación de los planes y propósitos de Dios.*
- *Un despertar espiritual o avivamiento*

Discípulos, apóstoles y profetas

En el primer versículo de Mateo 10, observe que Jesús llama a sus hombres «discípulos», pero una vez les da autoridad los llama «apóstoles». Esto es, fueron comisionados con poder y autoridad (v.2) y ahora los envía como sus embajadores, sus representantes ante el pueblo judío. Jesús fue específico al ordenarles *no entrar* en las ciudades de los samaritanos. Era necesario que el evangelio del reino fuera llevado primeramente a los judíos. Como embajadores de Jesús, iban comisionados con la autoridad y el poder limitado de un delegado y no el de un gobernante. El derramamiento del Espíritu Santo, en el día de Pentecostés, removió esas limitaciones y les otorga la autoridad de ser representantes de Jesús en el mundo entero.

Al regresar al cielo, Jesucristo le dejó a su pueblo el poder creativo y dinámico del Espíritu Santo. Además, repartió dones ministeriales para que su iglesia se esparciera por todo el mundo y de esta forma establecer el reino de Dios aquí en la tierra, alcanzando así a los perdidos y destruyendo las obras del maligno. Todo esto es lo que se conoce como el mandato de la Gran Comisión.

Y el mismo constituyó a unos, apóstoles; a otros, profetas; a otros, evangelistas; a otros, pastores y maestros, a fin de perfeccionar a los santos para la obra del ministerio, para la edificación del cuerpo de Cristo, hasta que todos lleguemos a la unidad de la fe y del conocimiento del hijo de Dios, a un varón perfecto, a la medida de la estatura de la plenitud de Cristo.

Efesios 4.11-13

El propósito de Dios en cuanto a los dones ministeriales es perfeccionar, es decir, preparar, entrenar, equipar o capacitar al cuerpo de Cristo, hasta que todos lleguemos a la plenitud de Cristo y la unidad de la fe.

Para la edificación de la iglesia, Dios estableció que el fundamento está sobre los apóstoles y los profetas. A estos encargó de la coordinación en el gobierno y la administración de la iglesia; los profetas dan las instrucciones que proceden de Dios y los apóstoles administran su cumplimiento.

Edificados sobre el fundamento de los apóstoles y profetas, siendo la principal piedra y ángulo Jesucristo mismo, en quien todo el edificio, bien coordinado, va creciendo para ser un templo santo en el Señor.

Efesios 2.20-22

Dios usa a los apóstoles y profetas para recibir —a través de su Santo Espíritu— la revelación de lo escondido u oculto. Esto les es dado con el propósito de que lo revelen a su pueblo y se instituyan los cambios que la nueva revelación exige.

El apóstol Pablo escribe que a él le fue dado a conocer el misterio de la iglesia como cuerpo de Cristo, del cual Él es la cabeza y nosotros su cuerpo.

Que por revelación me fue declarado el misterio, como antes lo he escrito brevemente, leyendo lo cual podéis entender cuál sea mi conocimiento en el misterio de Cristo, misterio que en otras generaciones no se dio a conocer a los hijos de los hombres, como ahora es revelado a sus santos apóstoles y profetas por el Espíritu: que los gentiles son coherederos y miembros del mismo cuerpo, y copartícipes de la promesa en Cristo Jesús por medio del evangelio.

Efesios 3.3-6

La iglesia de los primeros años

Durante los primeros quinientos años de la iglesia, se infiltraron falsas doctrinas que atentaron con ahogarla y destruirla lentamente. Estas doctrinas erróneas fueron robando poco a poco la manifestación de los dones y ministerios espirituales que Dios le había dado a la iglesia. El liderato de la iglesia nuevamente apostató a su llamado y entró en una relación infernal con el gobierno romano, apartándose de la sana doctrina, y echando al lado los preceptos de la fe. El apóstol Pablo se refiere a estos como náufragos en cuanto a la fe (1 Ti 1.1-19); hombres corruptos de entendimiento, y réprobos en cuanto a la fe (2 Ti 3-8).

El doctor Pablo Deiros —director del Seminario Teológico Bautista de Buenos Aires, Argentina— describe en su maravilloso libro *La acción del Espíritu Santo en la historia* (Caribe-Betania Editores, 1998), cómo con el pasar de los años, la iglesia fue removiendo de sí las manifestaciones del Espíritu Santo. Deiros explica que al instituir la doctrina del cesacionismo, la iglesia eliminó de sus medios los ministerios del apóstol, luego el del profeta, el del evangelista y el del maestro. Este proceso dio como resultado el establecimiento de una jerarquíaeclesiásticadesacerdociopastoral muy distinta a la establecida por Jesucristo y por la Biblia.

Las doctrinas de hombres comenzaron a tener más autoridad que la Palabra de Dios y pronto, el gobierno de la iglesia fue alterado y las manifestaciones del Espíritu Santo fueron prohibidas y no podían ser practicadas o enseñadas. De esta forma se establece un gobierno religioso que removió de su medio la gloria de Dios, tornándose en una iglesia *ichabod* es decir, una iglesia sin vida. Sin embargo, Dios *siempre* ha retenido un remanente fiel, el que a través de los años y en el tiempo propicio de Dios (*kairos*), se ha levantado para traer cambios y reformas que se ajustan a la Palabra de Dios y a sus patrones.

Cuando Dios restaura algo que la iglesia ha perdido, se produce un despertar espiritual que conduce a grandes avivamientos. Generalmente, estos son tan poderosos que trastornan las entidades religiosas, confrontan el orden social establecido y renuevan la vida espiritual de miles de personas.

Así pues, Dios levantó a un hombre llamado Martín Lutero y le dio a este la revelación de la justificación por gracia y no por obras mediante la fe. Lutero se puso de pie para confrontar a las autoridades eclesiásticas y lograr una reforma en las falsas doctrinas. De esta manera, la iglesia cristiana de hoy camina en esa revelación que antes había sido perdida y solo era reconocida por un pequeño remanente. Dios necesitó de una unción apostólica para dar a conocer esta verdad a la iglesia de la generación de Lutero.

La Reforma Protestante del siglo XVI despertó un avivamiento espiritual que sacudió al mundo entero. Los cambios eran evidentes en comunidades enteras que fueron transformadas por el poder de esa fresca revelación de la gracia de Dios. La historia de la iglesia nos indica que en el año 1517, Dios comenzó a restaurar las verdades perdidas. Esto fue un proceso de cambios radicales instituidos por el Espíritu Santo para rescatar, corregir y fortalecer a su iglesia.

En su libro «Apostles, Prophets and the Coming Moves of God» [Apóstoles, profetas y el mover venidero de Dios], el Dr. Bill Hamon describe el proceso de restauración de las verdades perdidas por la Iglesia según fueron pasando los años.

Restauración

Año	Movimiento	Verdad Restaurada
1517	Protestante	Salvación por *gracia,,* a través de la fe (Efesios 2.8-9)
1600	Evangélico	bautismo por inmersión; separación de Iglesia y Estado.
1700	Santidad	Santificación. La iglesia y el mundo.
1800	Sanidad por fe	Sanidad divina
1900	Pentecostal	Bautismo en otras lenguas; don del Espíritu Santo.
1950	Lluvia tardía	Presbiterio profético; adoración y alabanza.
1950	Evangelismo y liberación	Evangelismo masivo y liberación.
1960	Carismático	Renovación; liderazgo pastoral
1970	Fe	Mensaje de fe, prosperidad y victoria

1980	Profético	Restauración del ministerio de profeta; guerra espiritual; adoración y alabanza proféticas; drama y las artes.
1990	Apostólico	Restauración del ministerio de apóstol. Milagros, señales y prodigios. Evangelismo Global; Ventana 10 -40; arrepentimiento identificativo; unidad de la iglesia.

Cómo entender el proceso de cambio

El Dr. Bill Hamon, en su libro «Profetas y el movimiento profético», escribe:

Sin embargo, debemos comprender el proceso que todo movimiento de restauración ha atravesado desde el principio de la restauración de la iglesia. Los líderes y las personas que están siendo usadas por Dios para restaurar los principios bíblicos y las experiencias espirituales son inicialmente rechazados, perseguidos y despreciados por las denominaciones cristianas ya establecidas y grupos de previos movimientos de Dios. Estos se tornan en sujetos de gran controversia dentro de la Iglesia; son acusados de ser fanáticos, herejes, falsos profetas o maestros, y hasta líderes de falsas sectas. Mateo 23.29-39

Cuando la verdad está en el proceso de ser restaurada a la Iglesia, usualmente hay un giro extremo al lado opuesto, luego regresa hacia el otro lado y finalmente reposa en un mensaje balanceado, como el péndulo de un viejo reloj, en medio de los dos extremos. Para todos los que se quedan atrapados en los extremos, sus dogmas se tornan sectarios en doctrina y práctica. De allí surgen grupos exclusivos que se apartan del resto del cuerpo de Cristo. Luego están aquellos que se apartan de los extremos para mantener un balance bíblico y adecuado, los cuales entran en el mover que Dios está restaurando.[1]

Los enemigos más acérrimos de las reformas de Dios siempre han sido los sistemas religiosos, quienes se ven confrontados con verdades que ponen en riesgo su «poder» y atentan contra el control que ejercen. Durante los tiempos de Jesucristo fueron los fariseos y los saduceos. Durante la Reforma Protestante fue la jerarquía católica. Durante el despertar espiritual a la sanidad divina que trajo a la luz un apóstol llamado Alexander Dowie, la oposición fue de la misma iglesia y de los medios masivos de comunicación que incitaron a las autoridades a callar a este revolucionario.

De igual forma ocurrió durante la revelación del mover del Espíritu en Azusa, California, cuando la iglesia rechazó lo nuevo y lo catalogó como un «movimiento del diablo». Actualmente, en Latinoamérica todavía existe un fuerte rechazo al movimiento de fe y la prosperidad divina. En muchos círculos religiosos el tema de la guerra espiritual es mirado con recelo e incredulidad, al igual que todo lo que concierne al mover apostólico y profético.

Sin embargo, cuando Dios trae reformas es *Él* quien defiende su causa a pesar de *toda* la oposición que pueda existir. Cuando Babilonia y los exponentes de las falsas doctrinas fueron expuestos, Dios juzgó en favor de sus apóstoles y profetas.

1 Dr. Bill Hamon, *Prophets and the Prophetic Movement* [Profetas y el movimiento profético], Destiny Image. 1990, p.124

Alégrate sobre ella, cielo, y vosotros, santos, apóstoles y profetas; porque Dios os ha hecho justicia en ella.

Apocalipsis 18.20

Jesucristo comenzó su ministerio terrenal comisionando a doce hombres como apóstoles y así traer una reforma a la nación de Israel. Los apóstoles abren camino para el mover de Dios. Fueron los primeros en ser establecidos, y los primeros en ser eliminados por una iglesia apóstata. Pero en palabras del mismo Jesús: *Los primeros serán postreros y postreros, primeros* (Mateo 19.30).

Como hemos visto, la Iglesia fue eliminando lo que Dios había puesto como orden sistemático de su Iglesia.

Y a unos puso Dios en la iglesia, primeramente apóstoles, luego profetas, lo tercero maestros, luego los que hacen milagros, después los que sanan, los que ayudan, los que administran, los que tienen don de lenguas.

1 Corintios 12.28

De esta misma manera, la restauración de todas las cosas ha ocurrido en un orden también sistemático, de lo último a lo primero y de lo primero a lo último. Este siglo ha traído grandes bendiciones a la Iglesia y entre más cerca estamos del retorno del Señor más acelerada ha sido la restauración de lo que se había perdido.

A principios del siglo —y por medio de un apóstol de raza negra llamado William J. Seymour— Dios derramó un avivamiento en Azusa, California que se propagó por todo el mundo. Fue la restauración de diversos géneros de lenguas, una fresca brisa de Pentecostés que se propagó por todo el mundo y que cambió radicalmente la estructura de la iglesia evangélica en toda Iberoamérica.

En los 30's, 40's y 50's, los ministerios de sanidad y milagros fueron restablecidos gracias a la unción de diferentes evangelistas. Hombres como Oral Roberts, John G. Lake, Smith Wigglesworth, y mujeres como Aimee Sample Mcpherson y Kathryn Kuhlman fueron pioneros de este tiempo.

En la década de 1970, se derramó una fresca unción sobre el ministerio del maestro. El mensaje de la fe, la prosperidad, la identificación con Cristo y la restauración de Sion fue proclamada y enseñada por estos maestros. Hombres como Ken Copeland, Derek Prince, Bob Munford, John Osteen, Chuck Smith, John Wimber y muchos más, participaron en este despertar.

Durante la década de 1980, Dios levantó el ministerio del profeta. Estos comenzaron profetizando a individuos. Luego, Dios levantó profetas para llevar mensaje a las naciones y por último, los levantó para las ciudades. Hombres como Bill Hamon, Paul Caine, Mike Bickle, John Sanford, Rick Joiner, Victor y Eduardo Lorenzo, y mujeres como Cindy Jacobs, Paula Sanford, Marfa Cabrera y muchos más, reavivaron alrededor del mundo este ministerio.

En la década de 1990, se comenzó a vivir la restauración del ministerio apostólico con el propósito de que la Iglesia entrara en el nuevo milenio en la plenitud de Cristo y así tener los cinco ministerios: apóstol, profeta, evangelista, pastor y maestro. Hoy día, tenemos apóstoles como el Dr. C. Peter Wagner, el Dr. Kingsley Fletcher, John Kelly, John Eckhardt y Omar Cabrera, Randy McMillan, Luciano Padilla, Ernesto Alonzo, Victor Ricardo, Harold Caballeros y muchos más.

De acuerdo al Dr. C. Peter Wagner, alrededor del mundo están surgiendo afiliaciones postdenominacionales que se están entrelazando para lo que se le ha llamado la *Nueva Reforma Apostólica*. Este movimiento está generando los cambios más radicales en el gobierno de la Iglesia desde el siglo XVI.

No cabe duda de que Dios está trayendo estos cambios a la iglesia para reestructurar su gobierno y así revelar nuevas estrategias. Para lograr su objetivo de establecer el reino de Dios aquí en la tierra, está restaurando todas aquellas verdades que se habían perdido. Aquellos que se rehúsen a aceptar este fluir del Espíritu, con sus nuevas y maravillosas estrategias, a la postre dejarán de producir fruto y desaparecerán.

Es necesario que la Iglesia continúe en este proceso de cambio y restauración para que pueda levantarse a cumplir con la misión de revolucionar al mundo. En el próximo capítulo trataremos en más detalle la historia de los movimientos de restauración y sus extremos.

2

La historia de la restauración

La gloria postrera de esta casa será mayor que la primera, ha dicho Jehová de los ejércitos; y daré paz en este lugar, dice Jehová de los ejércitos.

Hageo 2.9

Porque Jehová restaurará la gloria de Jacob como la gloria de Israel; porque saqueadores los saquearon, y estropearon sus mugrones.

Nahum 2.2

Porque yo os daré palabra y sabiduría, la cual no podrán resistir ni contradecir todos los que se opongan.

Lucas 21.15

Desde el principio de la creación, siempre que Dios ha hecho algo nuevo, el adversario se ha opuesto a los planes y propósitos divino a través de las acciones del hombre. De hecho, cuando hablamos de restauración debemos remontarnos a la creación del hombre. Dios creó al hombre y lo puso en medio del huerto para que lo labrara y lo guardase (Génesis 2.15). Para llevar a cabo esta labor, le dio *señorío* y dominio sobre todas las cosas y lo comisionó a fructificarse y multiplicarse, y a llenar, señorear y sojuzgar la tierra. Entonces, intervino el adversario y el hombre cayó. Esta caída trajo como consecuencia la perdida de la autoridad y el señorío que se le había otorgado. Desde ese mismo momento Jehová declaró el principio de la restauración, con la promesa de un Redentor por medio de la simiente de la mujer. «Esta primera promesa mesiánica es una de las aseveraciones más sucintas del evangelio que podemos hallar».[1]

A través de su vida, muerte y resurrección, Jesucristo derrotó los poderes de las tinieblas; anuló o borró el pecado del hombre y —lo más importante— nos reconcilió con el plan original, y la caída del hombre quedó clavada en la cruz, ¡aleluya!

Entonces, Jesús otorga nuevamente al hombre autoridad y poder para concluir la obra que él había comenzado. Ahora la encomienda es establecer el reino de Dios aquí en la tierra, para lo que nos dio el ministerio de la *reconciliación* (2 Corintios 5.18). Al establecer su Iglesia, la comisionó con *poder* y de esta manera, esa primera Iglesia se convirtió en una fuerza victoriosa y gloriosa.

Con el pasar de los años y de una forma gradual, la Iglesia fue abandonando la doctrina de los apóstoles y quedó sumergida en tradiciones y filosofías de hombres. Los poderes sobrenaturales, las manifestaciones del Espíritu Santo, el gobierno de la Iglesia, la sanidad, la prosperidad, en fin, la Iglesia victoriosa, entró en un proceso de decadencia. El apóstol Pablo lo llamó apostasía y misterio de la iniquidad (2 Tesalonicenses 2.3-7); eran doctrinas de demonios y espíritus engañadores.

---

1 *Biblia Plenitud*, Editorial Caribe, Miami, FL, 1994, p.9.

Pero el Espíritu dice claramente que en los postreros tiempos algunos apostatarán de la fe, escuchando a espíritus engañadores y a doctrinas de demonios.

1 Timoteo 4.1

Los historiadores le han llamado a este periodo la Edad Media (Mateo 24, 2 Tesalonicenses 3.10-12, 2 Pedro 3.15-17). Entonces, el apóstol Pedro declara proféticamente que en los postreros días vendrán tiempos de refrigerio (Hechos 3.19) y de *restauración de todas las cosas* (v. 21).

Pasaron más de mil años, y de la misma manera que Dios había levantado a Moisés para entregar a ley a su pueblo y entregado a Jesucristo para destruir las obras del maligno y establecer su Iglesia, levantó a su siervo Martín Lutero para comenzar el proceso de restaurar todas las cosas que la Iglesia había perdido.

Tenemos que entender que Lutero era un sacerdote católico romano y que ser cristiano en su época era pertenecer a la Iglesia Ortodoxa y la Iglesia Romana. Como en *todo* tiempo de restauración, la oposición más fuerte vino de los líderes religiosos del orden establecido, quienes prontamente llamaron falsos profetas, herejes, falsos maestros, fanáticos y líderes de sectas a quienes intentaban traer cambios. Esto se ha repetido a lo largo de la historia: los fariseos y saduceos lo hicieron con Jesús y luego con sus discípulos; los idólatras de Éfeso a Pablo y a sus discípulos; y los líderes romanos a los fieles cristianos, por mencionar algunos ejemplos.

Debemos decir con tristeza que en los últimos quinientos años del cristianismo protestante, *siempre* que Dios ha hecho algo nuevo, la oposición más fuerte viene de aquellos quienes en algún momento han recibido una visitación de Dios.

El péndulo de la verdad

En muchas ocasiones, cuando se restaura una verdad a la Iglesia, aquellos que participaron del movimiento anterior se colocan en posturas totalmente extremistas que provocan abusos y que pretenden desprestigiar el fresco mover del Espíritu. Gracias a Dios que con el pasar del tiempo, la mayoría regresa a un balance bíblico-doctrinal que permite que esa verdad comience a ser aceptada por quienes están abiertos a la dirección del Espíritu. Los que se aferran a los extremos de derecha o de izquierda se convierten en grupos exclusivos que se apartan del resto del Cuerpo de Cristo. «El hecho es que siempre habrá aquellos que no tienen un fundamento bíblico y que nunca abrazarán la verdad restaurada. Siempre habrá aquellos que son emocionalmente inestables e inmaduros espiritualmente que no pueden entender la verdad, y que por consiguiente harán cosas extrañas y fuera de orden. También habrá charlatanes, falsos ministros y aquellos que, motivados erróneamente, buscan oportunidades para autopromoverse y aprovecharse del fresco mover de Dios».[2]

Errores y extremos

El mensaje doctrinal de la Iglesia del siglo XV estaba basado en obras, indulgencias y ritos que dieron apertura a una vida de pecado y lascivia. La expiación podía ser comprada a los líderes eclesiásticos con dinero o con

---

2 Dr. Bill Hamon, *Prophets and the Prophetic Movement* [Los profetas y el movimiento profético], Destiny Image Publishers,1990, p.126 (del original en inglés).

favores. Con la revelación de un mensaje de salvación por gracia y no por obras, las doctrinas de la justificación se llevaron a extremos teológicos, como el *calvinismo* y el *armenianismo*.

En el primer caso, el calvinismo defiende la predestinación individual de los santos, separada del libre albedrío. El armenianismo, por su parte, postula una salvación para todos los que reciben a Cristo como Salvador pero esta salvación puede perderse y uno se puede caer de la gracia de Dios. En este caso la salvación es temporal y se basa en una vida de total santidad. Ambas doctrinas aún prevalecen en muchas áreas del cristianismo debido a la ignorancia de la Palabra que afirma una predestinación para toda la Iglesia —el Cuerpo de Cristo— y una salvación eterna para todos los que nacen de nuevo.

El proceso de restauración de oficios también ha sido paulatino. Entre los oficios restaurados a la Iglesia encontramos lo siguiente: «El oficio del pastor fue restaurado durante el tiempo de la Reforma Protestante del siglo XVI, reemplazando el oficio del sacerdocio clerical que se había infiltrado en la Iglesia. El oficio del evangelista había sido virtualmente ignorado hasta los tiempos de Carlos Finney en el siglo XIX».[3]

Aproximadamente cien años más tarde, la Iglesia entendió la revelación del bautismo por inmersión. Todavía hoy día vemos extremos en relación a la «fórmula bautismal» correcta. Por un lado, el bautismo de infantes —aún practicado por varias denominaciones cristianas— y en el otro, los que dan poca o ninguna impor-

---

3 Dr. C. Peter Wagner, «Prayer and the Order of the Church» [La oración y el orden de la Iglesia], *Global Prayer News*, April-June 2000, p.1.

tancia al bautismo de agua. Unos demandan que el bautismo sea en el nombre del Padre, del Hijo y del Espíritu Santo (Mateo 28.19) y otros dicen que debe ser solo en el nombre de Jesucristo (Hechos 2.38).

En el siglo XVIII, la Iglesia recibe una nueva revelación referente a la santidad del creyente. De esto surgen dos extremos: el *legalismo* y el *libertinaje*. El primero declara, entre muchas otras cosas, que toda forma de entretenimiento y moda es pecado para el cristiano. El extremo opuesto afirma que la gracia de Dios da libertad para todo pues «para el puro todas las cosas son puras». Esto da lugar a la doctrina de la santificación, la que para unos es eterna y para otros un proceso diario. El perfeccionismo, por su parte, se convirtió para algunos en la doctrina de que el creyente no puede pecar y para otros, el que todos pecan diariamente.

En el siglo XIX surge la controversia de la sanidad como parte de la propiciación del Calvario. Se comenzó a discutir si las llagas de Cristo habían provisto la sanidad a nivel físico o solo espiritual. Algunos fueron al extremo de creer que la única manera de recibir sanidad física era por medio de la fe, y se negaban a recibir cuidado médico. Mientras que otros afirmaban que Dios había creado la medicina como el único medio de sanidad para los creyentes.

En este mismo siglo se difundieron las doctrinas escatológicas de la Iglesia Católica, en las que se incluía la teoría de escape del rapto y una escatología futurística en lugar de histórica. Estas doctrinas, promovidas por la iglesia romana para contrarrestar las enseñanzas reformistas, hoy día están fuertemente arraigadas en iglesias que acogieron las enseñanzas de Scofield, entre otros.

A principio del siglo XX, la Iglesia comenzó a experimentar un despertar del Pentecostés en Azusa, California. La controversia doctrinal del «don de lenguas» trajo nuevamente una serie de doctrinas extremas. Para algunos, si no se hablaba en lenguas no se había recibido el don del Espíritu Santo. Los más extremista llegaron a afirmar que si no se hablaba en «otras lenguas» no se era salvo. Para otros, las lenguas eran de Satanás y no de Dios. Durante este periodo surgió también el movimiento del *unitarismo*, conocido también como «solo Jesús». Estos afirman que la doctrina de la Trinidad no es bíblica. Otros, niegan la unidad triuna y promueven un concepto de tres dioses llamado *triteísmo*.

Durante el siglo XX varias verdades doctrinales fueron restauradas a la Iglesia. Estas verdades habían sido controversiales para quienes habían disfrutado del más reciente mover de Dios. Entre ellas se encuentran la restauración del presbiterio profético para la ordenación al ministerio, la profecía personal, la restauración de la adoración y la alabanza, la danza, las artes, el drama, y diferentes expresiones como la risa, los gemidos, el caer al suelo por el Espíritu, entre otras.

Los principios de la liberación y la controversia sobre la demonización del creyente también fueron restaurados en este periodo. Para algunos un cristiano no puede estar «poseído, oprimido, obsesionado, influenciado o demonizado». Otros, por su parte, atribuyen todas las situaciones a los demonios, y así niegan la necesidad del arrepentimiento genuino al pecado y la responsabilidad del pecado por los deseos carnales que batallan contra el alma (1 Pedro 2.11).

En la década de 1970, la Iglesia experimentó la restauración de la doctrina de bendición, herencia y prosperidad de los santos a través de la fe. La conceptualización errónea de la humildad como sinónimo de pobreza —promovida por siglos en la Iglesia a través del *monasticismo* y el *ascetismo*— fue reemplazada por la doctrina de la prosperidad y la fe. Ciertamente estas verdades han sido de gran bendición para la Iglesia. El Espíritu Santo ha revelado a su pueblo cómo tomar posesión de los recursos necesarios para la proclamación del Evangelio a todas las naciones. Sin embargo, algunos extremistas perdieron el balance del mensaje, y llevaron la restauración de una grandiosa verdad al enriquecimiento personal dejando a un lado la proclamación del evangelio. Hoy día, a pesar de que en muchos casos se ha llegado a un punto medio de balance, algunos de estos extremos siguen vigentes dentro de algunos sectores en la Iglesia.

En las décadas de 1980 y 1990, la restauración de la palabra profética personal a la Iglesia, a las ciudades y a las naciones ha traído un renovado entendimiento sobre el ministerio del profeta y su función en la guerra espiritual de los últimos tiempos. Esta restauración logró —en la década de 1990— la más grandiosa movilización de oración en la historia de la Iglesia.

Con la restauración de los ministerios de intercesión y oración han sido sacudidas ciudades y naciones enteras. En mi libro *Comunidades Transformadas con Oración*, publicado bajo el sello Betania, presentamos en detalle el mover de Dios en Latinoamérica a través de la oración y la guerra espiritual. El video *Transformaciones*, del Grupo Sentinel, muestra la total transformación de comunidades por el poder de la oración.

Los temas de la guerra espiritual, la cartografía espiritual y la guerra contra espíritus territoriales han causado controversia en la Iglesia de hoy. De igual forma, la falta de conocimiento sobre la profecía personal y cómo recibirla y escudriñarla, ha hecho daño a algunos individuos. En este libro trataremos de instruir al lector en esta área. El Dr. Bill Hammon —reconocido profeta de Dios— más adelante clarificará esta faceta de la profecía y el ministerio del profeta.

Falsas doctrinas y herejías

Las falsas doctrinas y herejías que se han infiltrado en la Iglesia continúan echando raíces que el adversario usa para engañar y destruir.

> *Pero hubo también falsos profetas entre el pueblo, como habrá entre vosotros falsos maestros, que introducirán encubiertamente **herejías** destructoras, y aun negarán al Señor que los rescató, atrayendo sobre sí mismos destrucción repentina.*
>
> 2 Pedro 2.1

Según el comentario de la Biblia Plenitud, la palabra *herejías* del griego *hairesies* significa tener diversidad de creencias, crear disensión y sustituir la verdad con opiniones arbitrarias.[4]

> *Porque es preciso que entre vosotros haya disensiones para que se hagan manifiestos entre vosotros los que son aprobados.*
>
> 1 Corintios 11.19

4 *Biblia Plenitud*, Editorial Caribe, Miami, FL, 1994, p. 1670.

En un artículo titulado «La Decadencia de la Iglesia Tradicional», la revista *Charisma* presentó la decadencia numérica y teológica de las denominaciones históricas Algunas aberraciones de la doctrina bíblica están tomando proporciones alarmantes. Entre ellas, la Iglesia Episcopal, la Iglesia Unida de Cristo y la Iglesia Metodista han asumido la posición de defender el homosexualismo. Un obispo de la Iglesia Metodista Unida criticó públicamente a la Convención Bautista del Sur por su decisión de alcanzar a los musulmanes, hindúes y budistas con la declaración que era «arrogante» el «presumir» y «suponer» que los que no son cristianos son excluidos del plan de salvación de Dios.[5]

En el mismo artículo se hace referencia a la Conferencia de Minneapolis de 1993, en la que mujeres de diferentes denominaciones celebraron ritos paganos en honor de Sofía, una deidad femenina, y alabaron a «Diosa».

Los Seminarios de Brujería y Wicca han sido patrocinados por la Escuela de Teología de la Universidad Metodista del Sur, mientras que la Iglesia Evangélica Luterana continúa ordenando lesbianas y pronunciándose en favor del aborto y el homosexualismo.[6]

A pesar de los errores, los extremos y las herejías, la Iglesia está levantándose como poderoso coloso para destruir las obras de Satanás y establecer el reino de Dios aquí en la Tierra.

---

5 «La decadencia de la Iglesia tradicional», *Charisma and Christian Life*, marzo 2000, p. 62.
6 Ibid., pp. 63-64.

3

El ministerio profético para el avivamiento

Y en los postreros días, dice Dios, derramaré de mi Espíritu sobre toda carne, y vuestros hijos y vuestras hijas profetizarán; vuestros jóvenes verán visiones, y vuestros ancianos soñarán sueños.

Hechos 2.17

En los últimos años, el Cuerpo de Cristo ha estado entrando en un nuevo lugar. Por primera vez —desde la iglesia de los Hechos— está comenzando a ejercer su gobierno desde una posición bíblicamente correcta.

Durante la década de 1970 se cimentó la base para el ministerio del intercesor. Luego surge el oficio profético, que marca el paso en el proceso divino para establecer una nueva estructura de gobierno. En una década de severos conflictos espirituales, el resurgimiento del oficio profético está dirigiendo y capacitando a la iglesia para el cumplimiento final de la Gran Comisión.

En los últimos años, el Señor ha estado levantando una voz profética y apostólica para las naciones. Los apóstoles y profetas fueron parte vital e importante en el ministerio histórico y de la misma forma lo serán en el avivamiento final. Dios está restaurando el fundamento que se necesita para que la iglesia pueda lograr el cumplimiento final de la Gran Comisión

> *Edificados sobre el fundamento de los apóstoles y profetas,*
> *siendo la principal piedra del ángulo Jesucristo mismo.*
>
> Efesios 2.20

Don de profecía y el oficio de profeta

Existen dos tipos de personas proféticas: unas tienen el don de profecía (1 Corintios 12.10) y otras, el oficio de profeta (Efesios 4.11).

El don de profecía es la habilidad sobrenatural dada por Dios para oír y comunicar lo que Él quiere decir a su pueblo. El oficio de profeta revela —por inspiración del Espíritu Santo— la voluntad de Dios. Esta profecía jamás puede contradecir la Palabra de Dios y debe dar testimonio del carácter y la voluntad de Jesucristo.

Adora a Dios, porque el testimonio de Jesús es el espíritu de profecía. Apocalipsis 19.10b

Un profeta es básicamente un hombre o mujer que ha sido llamado(a) por Dios para proclamar lo que percibe, ve y oye de parte de Él. Algunos de los padres de la Iglesia lo describían como alguien que tenía el Espíritu Divino y que hablaba bajo la influencia de un espíritu profético procedente de Dios. El tener el oficio de profeta implica más autoridad que el don de profetizar.

> *Ahora bien, hay diversidad de dones, pero el Espíritu es el*
> *mismo. Hay diversidad de ministerios, pero el Señor es el*
> *mismo. Y hay diversidad de operaciones, pero Dios, que hace*
> *todas las cosas en todos, es el mismo.*
>
> 1 Corintios 12.4-6

Los dones y las manifestaciones del Espíritu se presentan de maneras diferentes y de acuerdo al individuo. De este misma forma, hay diversidad en los estilos con los cuales los profetas ejercen sus llamamientos. La personalidad del individuo muchas veces refleja el carácter de su llamamiento profético. En mi vida he recibido palabras proféticas de numerosos hombres y mujeres de Dios reconocidos por su oficio de profetas. Hombres como Dick Mills, quien generalmente profetiza usando muchísimos pasajes de la Palabra de Dios. Profetas como el Dr. Bill Hamon, cuyas palabras fluyen como vertientes de agua viva nacidas de sus labios o Víctor Fredes, quien por medio del don de maestro edifica al cuerpo de Cristo. Por otra parte, Dios también ha escogido a otros para llevar profecía a ciudades y naciones, como es el caso de Cindy Jacobs.

A continuación estudiaremos algunos de los términos usados en la Biblia para describir a los profetas.

- *Ro'eh*. La Biblia Plenitud lo describe como un visionario, vidente, uno que ve visiones; un profeta.[1]

Venid y vamos al vidente; porque al que hoy se llama profeta, entonces se le llamaba vidente.

1 Samuel 9.9b

- *Nabi*. Una persona que declara o proclama un mensaje recibido. Un vocero, heraldo o anunciador. Nabi aparece más de 300 veces en el Antiguo Testamento. En seis ocasiones la palabra está en su forma femenina, nebiyah, que se traduce profetiza,

---

1 *Biblia Plenitud*, Riqueza Literaria, Editorial Caribe, Miami, FL, 1994, pp.350-351.

refiriéndose a Myriam, Débora, Hulda, Noadías y la esposa de Isaías.[2]

Antes que te formase en el vientre te conocí, y antes que nacieses te santifiqué, te di por profeta a las naciones.

Jeremías 1.5

Cuando haya entre vosotros profeta de Jehová, le apareceré en visión, en sueños hablaré con él.

Números 12.6b

- **Profetas**. Alguien que proclama un mensaje divino. A veces, el mensaje incluye una predicción de acontecimientos futuros. Los profetas están dotados para recibir los consejos del Señor y le sirven como voceros.[3]

Ellos le dijeron: En Belén de Judea; porque así está escrito por el profeta.

Mateo 2.5

Este pasaje hace clara referencia a la profecía del profeta Miqueas:

Pero tú, Belén Efrata, pequeña para estar entre las familias de Judá, de ti me saldrá el que será Señor en Israel.

Miqueas 5.2.

Este es el tipo de profecía que pronuncia Simeón cuando Jesús fue llevado al templo para ser presentado conforme a la ley de Moisés:

---

2 *Ibid*, p.346
3 *Ibid*, p. 1187

Y los bendijo Simeón, y dijo a su madre María: He aquí, éste está puesto para caída y para levantamiento de muchos en Israel, y para señal que será contradicha (y una espada traspasará tu misma alma), para que sean revelados los pensamientos de muchos corazones.

Lucas 2.34-35

• *Nataf.* Término hebreo que significa predicar, derramar del cielo o hablar por inspiración de Dios. Este tipo de profecía es la que generalmente se dice desde el púlpito o en un lugar público. Es un mensaje profético dado en exhortación. Es la palabra usada en Miqueas 2.6, 2.11, y Zacarías 13.3.[4]

Portavoz de Dios

Ser profeta es ser portavoz del Espíritu Santo. En la Biblia vemos constantemente oraciones como: El Espíritu de Dios *vino* o *vendrá* y luego, generalmente se presenta el mensaje dado por el Espíritu Santo. Dios revela sus planes y pensamientos a través de los profetas. Estos hombres y mujeres tienen la responsabilidad ministerial de llevar el mensaje de Dios a los apóstoles, los evangelistas, los pastores y los maestros; quienes luego de recibir la dirección deben compartirla con sus discípulos para que se traduzca en acción.

El profeta Amós declara:

Porque no hará nada Jehová sin que primeramente revele su secreto a sus siervos los profetas.

Amós 3.7

4 C. Pierce y R. Wagner, *Receiving the Word of the Lord* [Cómo recibir la Palabra del Señor], Wagner Publications, 1999, p.16.

El pueblo de Dios puede aceptar o rechazar el mensaje que llega a través de la boca de los profetas. La Escritura promete bendición a la obediencia y juicio a la desobediencia. El verbo *revelar* usado en este pasaje, viene del hebreo *galah*. Según la sección de Riqueza Literaria de la Biblia Plenitud: «En esta referencia *galah* tiene que ver con la develación, exposición, revelación, descubrimiento y apertura de los planes secretos del Señor a los profetas, quienes son sus siervos».[5]

Por otro lado, la Escritura promete prosperidad a los que oyen y ponen por obra las palabras de los profetas.

Creed en Jehová vuestro Dios y estaréis seguros; creed a sus profetas y seréis prosperados.

2 Crónicas 20.20b

El verbo *creed* usado en esta cita se deriva de la palabra hebrea *aman*, que significa: «Estar firme, estable, establecido; también, estar firmemente persuadido; creer sólidamente... Su derivado más conocido es *amén* que encierra la idea de algo «sólido, firme, ciertamente seguro, verificado, establecido».[6]

De la misma manera que Dios promete bienestar al obediente, también promete juicio a quienes desobedecen el llamado de los profetas; en especial al mensaje profético para ciudades y naciones. Jesús profetizó juicio sobre la ciudad de Jerusalén que tanto maltrataba a los profetas, entre ellos a Juan el Bautista quien anunció la llegada del Mesías.

---

5 *Biblia Plenitud*, Editorial Caribe, Miami, FL, 1994, p.1085.
6 *Ibid*. p.540

¡Jerusalén, Jerusalén, que matas a los profetas, y apedreas a los que te son enviados! ¡Cuántas veces quise juntar a tus hijos, como la gallina a sus polluelos debajo de sus alas y no quisiste!

Lucas 13.34

El clamor de los profetas tiene el propósito de reunir al pueblo de Dios para batallar e interceder por sus ciudades y naciones.

Y cuando llegó cerca de la ciudad, al verla lloró sobre ella, diciendo: ¡Oh, si también tú conocieses, a lo menos en este tu día, lo que es para tu paz! Mas ahora está encubierto de tus ojos. Porque vendrán días sobre ti, cuando tus enemigos te rodearán con vallado, y te sitiarán, y por todas partes te estrecharán, y te derribarán a tierra, y a tus hijos dentro de ti, y no dejarán en ti piedra sobre piedra, por cuanto no conociste el tiempo de tu visitación.

Lucas 19.41-44

Este juicio llegó a Jerusalén en el año 70 d.C., cuando los ejércitos romanos sitiaron la ciudad y la destruyeron al punto declarado de que no quedó piedra sobre piedra.

En el Nuevo Testamento los profetas continúan siendo los portavoces de Dios. Contrario a la doctrina del cesacionismo, el ministerio profético permanece como fundamento de la Iglesia hasta que Cristo regrese por ella.

Y él mismo constituyó a unos, apóstoles; a otros, profetas; a otros, evangelistas; a otros, pastores y maestros, a fin de perfeccionar a los santos para la obra del ministerio, para la edificación del cuerpo de Cristo, hasta que todos lleguemos a la unidad de la fe y del conocimiento del Hijo de Dios, a un varón perfecto, a la medida de la estatura de la plenitud de Cristo; para que ya no seamos niños fluctuantes, llevados por doquiera de todo viento de doctrina, por estratagema de hombres que para engañar emplean con astucia las artimañas del error, sino que siguiendo la verdad en amor, crezcamos en todo en aquel que es la cabeza, esto es, Cristo, de quien todo el cuerpo, bien concertado y unido entre sí por todas las coyunturas que se ayudan mutuamente, según la actividad propia de cada miembro, recibe su crecimiento para ir edificándose en amor.

Efesios 4.11-16

El Señor estableció estos ministerios para que la obra de la iglesia concluyera en el mismo espíritu y con el mismo poder con el que él la comenzó.

A lo largo de la historia de la Iglesia el ministerio del profeta ha sido parte intrínseca del avivamiento y despertar espiritual.

Pero el centro de la acción del Espíritu Santo era la iglesia. Era allí donde el Espíritu se manifestaba a través de los dones de profecía y de sanidades, y mediante la expulsión de demonios.[7]

Particularmente, por sobre todos los dones del Espíritu, se destaca el de profecía. La mayor parte de las menciones tienen que ver con el «espíritu profético» y su adecuado ejercicio en la iglesia.[8]

7 Pablo Deiros, *La Acción del Espíritu Santo en la Historia*, Editorial Caribe, Miami, FL, 1998, p.38.
8 *Ibid.* p.39

Así mismo, Pablo Deiros describe en el libro *La Acción del Espíritu Santo en la Historia* cómo los antiguos escritos de los padres apostólicos hacen referencia constante al ministerio profético en la vida diaria de la iglesia neotestamentaria.

Por ejemplo, Ignacio de Antioquía (¿40? –117) en su *Carta a los Filadelfos* se refiere al don de profecía y su llamamiento como profeta diciendo:

> Cuando estuve con vosotros clamé, levantando mi voz, fue la voz de Dios ...Lo que supe no era de carne humana, sino del Espíritu que predicó por mis labios.[9]

En días de Ignacio, en contextos religiosos tanto cristianos como paganos, se consideraba como la característica de un profeta inspirado que hablara bien en voz alta. Se suponía que alguien que hablara bajo el control de la divinidad debiera hacerlo en el volumen más alto posible. De modo que, en el caso de Ignacio, no se trata de un detalle insignificante, sino una evidencia clara de que estaba profetizando bajo el control del Espíritu Santo.[10]

Estos ministerios proféticos no han dejado de existir sino que la Iglesia dejó de creer en ellos. En consecuencia, dejaron de operar en sus medios. En estos tiempos Dios está restaurándolos pues son necesarios para llevar al Cuerpo de Cristo a la unidad, conocimiento, madurez y colaboración necesarios para el crecimiento.

---

9 Ignacio de Antioquía, Carta a los Filadelfos, 7.1-2 - Incompleta
10 Pablo Deiros, *La Acción del Espíritu Santo en la Historia*, Editorial Caribe, Miami, FL, 1998, p.50.

Deiros indica que uno de los documentos postapostólicos y extracanónicos más estudiados es *La Didaqué*, también conocida como *La Enseñanza de los doce Apóstoles*.

La cita en su libro diciendo: «Es el escrito postapostólico más antiguo que informa de un ministerio de corte carismático. Es interesante notar que este manual eclesiástico primitivo indica que había profetas que hablaban en el Espíritu y advierte contra la falsa profecía en la congregación. Así, pues, dedica un gran espacio al ministerio de los profetas en la Iglesia y presenta los criterios que permiten evaluar su autenticidad. *La Didaqué* pone de manifiesto un aprecio muy especial por el ministerio profético en particular».[11]

Con solo mirar a nuestro alrededor podemos decir que hoy es el día en el que la Iglesia más necesita de los apóstoles y profetas.

El amor nunca deja de ser; pero las profecías se acabarán, y cesarán las lenguas, y la ciencia acabará. Porque en parte conocemos, y en parte profetizamos; mas cuando venga lo perfecto, entonces lo que es en parte se acabará. Cuando yo era niño, juzgaba como niño; mas cuando ya fui hombre, dejé lo que era de niño. Ahora vemos por espejo, oscuramente; mas entonces veremos cara a cara. Ahora conozco en parte; pero entonces conoceré como fui conocido. Y ahora permanecen la fe, la esperanza, y el amor, estos tres; pero el mayor de ellos es el amor.

1 Corintios 13.8-13

La profecía cesará cuando haya llegado lo perfecto; cuando el Señor regrese a buscar su iglesia. El apóstol Juan dice que cuando lo veamos, seremos como Él. El

11 *Ibid*. p. 56

don de profecía continuará hasta que llegue el tiempo de gloria eterna. En Primera de Corintios, capítulo 14, se nos exhorta a juzgar la palabra profética. Si el que trae la profecía contradice la Biblia entonces el mensaje NO es de Dios. Cuando se está dando una palabra que no es de Dios, hay que detenerla y corregir en espíritu de mansedumbre al que habla. No podemos olvidar que la palabra profética se proclama con el propósito de edificar, exhortar y consolar (v.3).

Hay seis propósitos para los cuales Dios envía a un profeta a preparar a una iglesia, un ministerio o a una nación.

1. La Iglesia se fundamenta en las bases establecidas por los apóstoles y los profetas. Tienen el don de revelar los planes de Dios para la iglesia, ministerio o nación. Cuando un pastor o líder se pregunta: ¿Cuál es el futuro?, ¿cuál es mi llamado? o ¿qué problemas existen para impedir que se cumpla este llamado? Es adecuado que una persona externa pueda presentar los planes que Dios tiene en mente.

2. Los dones ministeriales requieren la capacitación de los santos para la obra del ministerio. Los profetas nos enseñan a escuchar y a ver a Dios. Efesios 2.10 dice: «Porque somos hechura suya, creados en Cristo Jesús para buenas obras, las cuales Dios preparó de antemano para que anduviésemos en ellas».

Nuestro oficio, y el de todo pastor y líder, no es solo el ministrar a los feligreses sino el identificar sus dones y entrenarlos en ellos conforme al patrón bíblico.

3. Los profetas están dotados por Dios para ver lo que sucede en el ámbito espiritual. Por medio de su discernimiento

espiritual pueden reconocer los principados y potestades que se han entronado en su territorio y que están atacando a la iglesia.

En 1 Reyes 22, el pueblo clamaba victorias y triunfos, más Micaías los corrigió declarando que un espíritu de falsa profecía había sido enviado para engañar (v.28).

En 2 Reyes 6, Jehová permite que Eliseo y su criado vean a los ejércitos que están con él. Eliseo le muestra que los ejércitos de Dios eran más que los del enemigo. El profeta revela lo que está sucediendo en el ámbito sobrenatural.

Elías a través de la percepción profética (v.12), le informa a su pueblo sobre las tácticas enemigas. He aquí la lección: la oración es la clave para discernir las estratagemas de nuestro adversario. Elíseo oró y Jehová abrió los ojos del criado y miró (v.17). Ver lo invisible es una clave para la oración victoriosa: o sea discernir los asuntos espirituales desde una perspectiva más divina que humana, vislumbrar el ataque del adversario y percibir la fuerza del ataque angelical.[12]

4. Los profetas reconocen y separan a los líderes para la obra del ministerio.

Había entonces en la iglesia que estaba en Antioquía, profetas y maestros: ... Ministrando estos al Señor, y ayunando, dijo el Espíritu Santo: Apartadme a Bernabé y a Saulo para la obra a que los he llamado.

Hechos 13.1-2

---

12 *Ibid.* p. 462

El profeta corona los ministerios de Dios. En 1 Samuel 12, vemos que Dios envió al profeta para ungir al nuevo rey.

En mis viajes por Latinoamérica y Estados Unidos, el Señor me da palabras proféticas para muchas personas. He ministrado en iglesias donde el Espíritu Santo me da palabras para decenas de personas en una misma congregación. Con frecuencia, los pastores separan tiempos de ministración con el liderato de la iglesia. Puedo decir que el Señor me ha dado palabras para miles de personas. La recompensa llega cuando al pasar del tiempo regreso a un lugar o me encuentro con uno de estas personas y agradecen las palabras proféticas dadas sobre ellos y me cuentan cómo sus vidas o sus ministerios han sido bendecidos por ellas.

Personalmente, considero que mi llamado es el de profeta para las ciudades y naciones. En esta capacidad, Dios me envía a muchos lugares para llevar el mensaje profético que he recibido de él, sin embargo, cuando el Espíritu Santo me lo indica, ministro palabra profética a los individuos que Él me muestra.

5. Dios usa a los profetas para revelar sus planes.

> En aquellos días unos profetas descendieron de Jerusalén a Antioquía. Y levantándose uno de ellos, llamado Agabo, daba a entender **por el Espíritu**, que vendría una gran hambre en toda la tierra habitada; lo cual sucedió en tiempos de Claudio.
>
> Hechos 11.27-28

Agabo declaró anticipadamente al pueblo de Antioquía sobre una gran sequía porque quería que estos se prepararan de antemano y así poder ayudar a otros. Su palabra, entonces, era de bendición y no de maldición. Era una trompeta de alarma a un inminente peligro para el que Dios quería preparar a su pueblo. Me anima mucho el ver cómo el mismo pasaje confirma el cumplimiento de la profecía en los tiempos del emperador Claudio.

Agabo es un ejemplo del «oficio» del profeta en el Nuevo Testamento. Este desempeño difiere de la forma como el don de profecía obra en la vida del creyente, porque sugiere un ministerio encomendado por Cristo a una persona, más que un don dispensado por el Espíritu Santo *a través* de una persona. El oficio del profeta no debemos tomarlo con liviandad. No hay nada en el NT que disminuya los estrictos requisitos que rigen el desempeño de esta función.[13]

El profeta Daniel pidió a sus amigos Ananías, Misael y Azarías que se unieran a él para interceder a Dios y le fuera revelado el misterio del sueño de Nabucodonosor. En su clamor a Jehová él bendijo a Dios diciendo: *Él revela lo profundo y lo escondido* (Daniel 2.17,22). Más tarde, Daniel se presenta ante el rey diciendo: *El misterio que el rey demanda, ni sabios, ni astrólogos, ni magos, ni adivinos lo pueden revelar al rey. Pero hay un Dios en los cielos, el cual revela los misterios... Y a mí me ha revelado este misterio, no porque en mí haya más sabiduría que en todos los vivientes, sino para que se dé a conocer al rey la interpretación, y para que entiendas los pensamientos de tu corazón.* Daniel 2.27-30

Las palabras de Daniel muestran que la revelación de lo más profundo y misterioso, lo que está escondido y en tinieblas, es revelado por Dios a sus profetas.

13 *Ibid*. p.1409

6. A través del ministerio profético los hermanos son edificados y fortalecidos. La palabra profética exhorta al pueblo de Dios a militar en la fe. La palabra profética, y en particular la palabra dada por un presbiterio profético al imponer las manos, equivale a ser separado para la obra del ministerio al que Dios nos ha llamado.

El ministerio profético convoca a la batalla y nos exhorta a romper y destruir los poderes del infierno.

*Este mandamiento, hijo Timoteo, te encargo, para que **conforme a las profecías** que se hicieron antes en cuanto a ti, milites por ellas la buena milicia.*

1 Timoteo 1.18

En 2 Crónicas 20.16, el profeta declara: «Mañana viene el enemigo», dice cómo va a atacar y también da las estrategias para ganar la batalla. ¡Así es Dios! Nos anuncia en profecía los ataques y nos da instrucciones para vencerlos.

Causas del rechazo

No todos aceptan el ministerio del profeta. Existen muchas razones de que el ministerio profético halla sido rechazado por muchos. En ocasiones, profetas inmaduros han dado palabra a individuos también inmaduros o inconversos, quienes no han sabido escudriñar la profecía o simplemente oyeron lo que querían oír y no lo que les fue dicho. Generalmente, el mensaje profético para las ciudades y naciones confronta y es difícil de recibir.

¡Duros de cerviz, e incircuncisos de corazón y de oídos!
Vosotros resistís siempre al Espíritu Santo; como vuestros
padres así también vosotros. ¿A cuál de los profetas no
persiguieron vuestros padres? Y mataron a los que anuncia-
ron de antemano la venida del Justo, de quien vosotros ahora
habéis sido entregadores y matadores.

Hechos 7.51-52

Por otra parte, no cabe duda de la iglesia ha sido victima de profetas autodenominados, falsos profetas y de profetas independientes que no quieren sujetarse a las autoridades eclesiásticas que Dios ha puesto en una ciudad o en una congregación. Estos últimos muchas veces llegan a una ciudad e invitan a creyentes a reuniones privadas, sin la cobertura de ninguna iglesia o autoridad pastoral. Esto causa mucho daño a la iglesia local y con frecuencia pone en duda el llamamiento o la autoridad pastoral sobre las ovejas del Señor. Estos «llaneros solitarios» deben ser evitados y confrontados por el liderato pastoral. El apóstol Pablo escribe:

Asimismo, los profetas hablen dos o tres y los demás juz-
guen... Y los espíritus de los profetas están sujetos a los
profetas.

1 Corintios 14.29,32

Según la Biblia Plenitud, la palabra *sujetos*, del griego *hupotasso* significa literalmente «estar debajo», La palabra sugiere subordinación, obediencia, sumisión y servicio.[14]

---

14 *Biblia Plenitud*, Editorial Caribe, Miami, FL, p.1500.

Las pruebas de un profeta genuino son su conducta y la forma de modelar el ministerio en su vida. Es claro que uno de los mayores peligros del profeta son los abusos del ministerio para beneficio propio. Balaam es ejemplo de un profeta que se extravía en su llamamiento de profecía y lo usa para beneficio personal.

Todo profeta que enseñe la verdad pero que no practique lo que predica es falso profeta. Pero todo profeta aprobado y genuino que actúa en miras a simbolizar el misterio de la iglesia, y no os enseña a hacer todo lo que el hace, no debe ser juzgado por vosotros. Su juicio queda con Dios. Porque de similar manera actuaron los profetas de la antigüedad. Pero si alguien dice en el Espíritu: Dame dinero o alguna otra cosa, no le prestéis atención. Sin embargo, si os dice que deis para otros en necesidad, nadie debe condenarlo.[15]

Más adelante en el libro explicamos cómo el ministerio profético siempre se somete a las autoridades que Dios ha establecido en sus vidas; a los pastores de las congregaciones en las que ministran y sobre todo, a un líder apostólico bajo el cual debe estar en yugo de autoridad. Los profetas siempre confrontaron los sistemas del hombre y fueron celosos con las cosas de Dios.

Fueron los verdaderos intercesores y tomaron la responsabilidad que los levitas habían abandonado en su rol de sacerdotes. Por esta razón, el sacerdocio siempre ha tenido reservas en relación al ministerio profético pues lo ha visto como opositor en lugar de colaborador. El clero representa el control y dominio de la mentalidad

15 La Didaqué, 11.10-12

religiosa. Los profetas fueron siempre levantados por Dios para traer corrección y convicción. Debo aclara nuevamente que esto siempre se dio bajo la autoridad establecida por Dios a la cual se sujetaban en responsabilidad.

El sacerdocio enseña y promulga que Dios está en el templo; el profeta, por su parte, expresa el llamado de Dios a salir del templo y a demostrar su poder por los confines de la tierra. El sacerdote se mantiene en el templo mientras que el profeta vive fuera de este. Tradicionalmente el sacerdote se enfrenta con las ovejas; el profeta, contra leones, serpientes y escorpiones.

La Iglesia padece de letargo e indiferencia, se ha tornado pasiva y es por esto que Dios está restaurando el ministerio profético. La iglesia tiene que despertar de su estado de sueño y prepararse para la guerra espiritual. Los profetas son agentes llamados para esta transformación, por eso el mundo los aborrece.

Yo les he dado tu palabra; y el mundo los aborreció, porque no son del mundo, como tampoco yo soy del mundo.

Juan 17.14

El dinero, el poder y la religión es la trilogía que controla al mundo. El profeta incomoda al *status quo*, intranquiliza a los poderosos y se convierte en un peligro para los manipuladores, por esto también son perseguidos y rechazados.

Jesucristo vino a plantear nuevas principios e ideas, por eso tuvo severos confrontamientos con los sacerdotes de su tiempo. El profeta trae a la Iglesia el mensaje de lo que Dios está haciendo alrededor del mundo, trata de despertar convicción y la reta a establecer el reino de Dios, cumpliendo así el mandato de la Gran Comisión.

DEL MINISTERIO Y LA UNCIÓN DEL PROFETA

4

Autoridad Profética

Por: John Eckhardt

John Eckhardt es pastor y supervisor de Crusaders
Ministries en Chicago. Viaja a través del mundo
enseñando las verdades bíblicas «perfeccionando a
los santos» para que hagan la obra de Cristo Jesús. Es
autor de 14 publicaciones y produce diariamente
un programa en la radio y la televisión en Chicago,
Illinois, EE.UU.

*Mira, en este día te he constituido sobre naciones y sobre
reinos, para arrancar y desmenuzar, para arruinar y destruir, para edificar y plantar.*

Jeremías 1.10

Los profetas hablan con un tremendo grado de autoridad divina.

Los mensajes que salen de sus bocas están cargados
de unción y poder de Dios. Esta autoridad es dada a los
profetas por la gracia por dos razones: Uno, espera la
destrucción del reino de Satanás. El Otro, es para el
establecimiento del reino de Dios.

El reino de las tinieblas produce pecado, rebelión,
enfermedad y pobreza, pero el Reino de Dios es justicia,
paz y gozo en el Espíritu Santo (Romanos 14.17). Todo

don ministerial está llamado a tomar responsabilidad en el establecimiento de la justicia, paz y gozo en el Espíritu Santo.

La autoridad de los profetas los hace capaces de arrancar raíces, derribar y destruir la obra demoníaca. Los profetas también tienen la autoridad para plantar y edificar el reino de Dios. Doblemente se enfatiza, en contraposición, que su autoridad es tanto para destruir el reino de las tinieblas, como para edificar el reino de Dios.

Aquellos que operan en la unción profética se hallarán a sí mismos involucrados en una guerra espiritual, librando un conflicto directo con los poderes de las tinieblas. La unción profética tiene con frecuencia un carácter confrontacional.

Un ejemplo de esta unción que confronta es Elías, quien desafió y confrontó a los poderes de la idolatría en el Monte Carmelo. Por causa del oficio del profeta él fue capaz de echar abajo los lugares fuertes de Baal que dominaban Israel. Como resultado del ministerio de Elías, un eventual juicio vino sobre la casa de Acab.

A través del mensaje de los profetas, los espíritus malignos son desarraigados de sus moradas. Recuerde, los profetas hablan con mayor autoridad que los creyentes que profetizan por el espíritu de la profecía o del simple don de profecía. Las palabras de los profetas son como un hacha puesta a la raíz de los árboles (Lucas 3.9). Cada árbol que no lleva fruto será cortado y echado al fuego. Solamente aquellos que tienen fruto y son productivos para el reino de Dios se mantendrán en pie ante el ministerio profético.

Derribar

Porque las armas de nuestra milicia no son carnales, sino poderosas en Dios para la destrucción de fortalezas.

2 Corintios 10.4

El profeta Jeremías tuvo autoridad sobre reinos y naciones. Los profetas tienen autoridad sobre reinos demoníacos. La unción profética es un arma espiritual en las manos del Señor, para derribar fortalezas. Satanás establece fortalezas demoníacas en individuos, familias, iglesias, ciudades y naciones.

He visto liberación a través de la profecía en individuos, familias e iglesias locales. He visto gente llorar y quebrantarse después de recibir mensajes proféticos. Los profetas usualmente llevan una fuerte unción de liberación. El ministerio del profeta proporciona liberación y derriba fortalezas.

Por medio de un profeta Jehová hizo subir a Israel de Egipto, y por el profeta fue guardado.

Oseas 12.13

El profeta tiene la responsabilidad de ministrar la Palabra de Dios tan bien como cuando profetiza por el Espíritu. Esta unción infunde la capacidad para conducir a la liberación al pueblo de Dios de una manera excepcional. He sido testigo de pastores que luchan contra fortalezas del enemigo que son incapaces de derribar en la congregación. La unción del pastor es importante, pero para derribar ciertas fortalezas muchas veces se requiere del apoyo de una unción diferente como la del profeta. Esto no eleva al profeta por encima del pastor en la congregación. Todos somos colaboradores de Dios. Sin embargo, los pastores necesitan discernir la importancia de la unción profética para derribar las fortalezas.

Desarraigar

Pero él respondió y dijo: Toda planta que no plantó mi Padre celestial será desarraigada.

Mateo 15.13

Jesús se refería a los líderes religiosos de aquellos días. Su ministerio les hizo sentirse ofendidos. Estaba ocurriendo un desarraigamiento espiritual. Cuando el ministerio profético desarraiga cosas, el pueblo con frecuencia se sentirá ofendido. Por lo general, el sistema entero de la religión en Judá y Jerusalén fue removido de raíz provocando una dispersión en el pueblo judío.

El enemigo plantó la cizaña en medio del trigo (Mateo 13). Cierta gente puede ser plantada en la iglesia por el enemigo para causar confusión y dañar el trabajo del Señor. Los profetas tienen la unción para desarraigarlos. Si estas raíces son removidas sin la unción, el pueblo puede resultar dañado. En este sentido Jesús dijo a sus discípulos que no arranquen la cizaña, porque también podrían arrancar el trigo (Mateo 13.29).

Es arrancado de su morada, objeto de su confianza, y es conducido ante el rey de los espantos.

Job 18.14

El desarraigo de un espíritu o influencia demoníaca no puede ser hecho en la carne. Un espíritu o influencia demoníaca debe ser desarraigada en el espíritu. Hay veces cuando el profeta ignora, en lo natural, de que las cosas que lleva a cabo algo se esta haciendo en el espíritu. Puede que el desarraigo profetizado en el presente no ocurra sino hasta después de que inclusive el profeta haya salido de la escena o años mas tarde aún. Lo que toma lugar en lo natural debe ser el resultado de lo que ha sucedido en el espíritu años atrás. Lo que nosotros vemos en lo natural es un reflejo de lo que está tomando lugar o lo que ya ha tomado lugar en el espíritu.

Destruir

Los verdaderos profetas destruirán las obras del maligno. Muchas personas, incluyendo pastores, temen al ministerio profético. El verdadero ministerio profético destruirá sólo lo que es del maligno. Nunca destruirá lo que es del Señor. Las cosas del espíritu serán establecidas, mientras que las cosas del maligno serán destruidas.

Muchos de los que vienen a la iglesia local son carnales y es lamentablemente triste tener que decir que algunos son demoníacos. El ministerio profético destruye la carnalidad y lo demoníaco, y establece santidad y pureza en la casa del Señor. Los profetas tienen odio contra las cosas pecaminosas porque Dios las odia (Salmos 139;21,22).

Los profetas frecuentemente son criticados por no ser tolerantes. El don profético no deja nada de lo que tiene que hacer porque siempre cumple con su deber. Un profeta que no lo hace pierde su efectividad y tendrá que dar cuenta al Señor. Aún con todo, esto no le da al profeta el derecho de ser ofensivo ni mucho menos ministrar en la carne. Los profetas deben ministrar en el espíritu todo el tiempo. Un profeta carnal terminará destruyendo y dañando lo que es del Señor, en lugar de destruir las obras del maligno.

Los profetas carnales causan reproche y daño al igual que cualquiera que ministra en la carne. El verdadero profeta tiene amor y compasión por la gente, pero odia y no tolera la obra del maligno. La unción cambiará a uno en otro hombre (1 Samuel 10). No debemos errar al rechazar las obras del maligno, sentenciándolas o siendo duros con ellas sin una guía correcta. Debemos discernir entre el obrar en la carne y la administración del Espíritu Santo. Sin el debido discernimiento, juzgaremos mal a los profetas y los rechazaremos por falta de entendimiento.

Trastornar

Sucederá que como he vigilado sobre ellos para arrancar, desmenuzar, arruinar, destruir y hacer daño, así vigilaré sobre ellos para edificar y plantar, dice Jehová.

Jeremías 31.28

La nación de Israel tuvo la orden de entrar y derribar los altares paganos. Esto fue parte del desarraigamiento de la nación de Canaán por su iniquidad.

Israel tuvo que deshacerse de los cananitas antes que pudieran poseer la Tierra Prometida. La unción profética confronta y hace guerra. Esto no es todo lo que los profetas hacen, también plantan y edifican. Pero, tome nota que antes de plantar y edificar, desarraigan y trastornan. Este es una parte desagradable del ministerio; sin embargo, es necesaria.

Muchos profetas, en referencia a este aspecto, sufren incomodidad en su interior al sentir temor e intimidación. Esto es desagradable para su alma. Sin embargo, la unción te hará otra persona. La fuerza de la unción te dará poder para actuar por encima de las incomodidades de alma y hará que puedas derribar los altares del pecado (Oseas 8.11). En el espíritu, los profetas, aún sin conocer nada de una congregación en lo natural, pueden descubrir rebelión, control, hechicería y orgullo

En muchas ocasiones un ministro no entenderá por qué la ministración va en cierta dirección. Algunas veces la dirección es totalmente opuesta de donde se empezó a ministrar la Palabra. La unción y guía del Espíritu Santo causará un golpe en áreas del pecado y rebelión espiritual, muchas veces sin que el ministro conozca nada en lo natural.

Construir

Junto con la acción de destruir, desarraigar, derribar y trastornar las obras del maligno, el profeta también edifica al cuerpo de Cristo. Este es el ministerio de edificación, exhortación y consolación. Los profetas odian las obras del maligno, pero al mismo tiempo tienen un genuino amor y compasión por el pueblo de Dios. Los santos serán levantados y edificados a través del ministerio profético. La iglesia será edificada y las puertas del infierno no prevalecerán contra ella.

El propósito de derribar las fortalezas es construir el reino de Dios. La guerra no es un fin, sino un medio para conseguir el fin. Los profetas siempre deben mantener su enfoque puesto en el objetivo principal, que es edificar la iglesia. Si los profetas pierden el enfoque, ellos dañarán el trabajo del Señor. La mayoría de los profetas desarrollan una mentalidad «destructiva», esto es, destruir todo lo que no está conforme a Dios.

Recuerde, la misión de Juan el Bautista fue la de preparar al pueblo para el encuentro con el Señor. Los profetas no deben dedicarse solamente a ver las obras del enemigo sino también las necesidades del pueblo. Debe balancear su ministerio con amor y compasión. Los profetas deben evitar ministrar con dureza, con crítica o amargura de espíritu. Ellos tienen la responsabilidad de ministrar la Palabra en amor a fin de construir la casa del Señor.

Plantar

Plantados estarán en la casa de Jehová; florecerán en los atrios de nuestro Dios.

Salmo 92.13

El pueblo que vive bajo la ministración del oficio profético será plantado en la casa del Señor. Quienes sean plantados florecerán en todas las áreas. Ser plantado significa echar raíces y tener una base sólida. El ministerio profético puede desarraigar lo plantado por el enemigo y plantar a cambio lo ordenado por el Señor en la iglesia del Señor.

He sido testigo de que mucha gente va a la iglesia a sembrar dudas. Las vacilaciones no ayudan en la obra del Señor. La unción profética ministra fortaleza y certeza a los creyentes para establecerlos firmemente en la casa del Señor.

No necesitamos en la iglesia miembros sin fundamento. Necesitamos personas firmes en la casa del Señor. Los que son firmes echarán raíces y serán como árboles plantados junto a corrientes de Ríos de Agua Viva. El plantío del Señor tendrá cristianos fructíferos. Ellos serán constantes, firmes, siempre creciendo en la obra del Señor. (1 Corintios 15,58).

Cuanto más recibamos a los profetas llegaremos a ser árboles de justicia, plantío del Señor (Isaías 61,3). Estoy firmemente convencido que una de las razones de que no tenemos muchos cristianos fructíferos en la iglesia local es la ausencia de un verdadero ministerio profético. He ministrado hablando al pueblo por años para que tome la unción para perfeccionar a los santos. Cada don ministerial tiene una unción distintiva. Cada don ministerial tiene una capacidad divina para edificar la iglesia.

Los profetas tienen la unción y capacidad para edificar y plantar. Sin esta unción, existirán áreas donde los santos no son edificados y cosas en las que ellos no habrán sido plantados. Los profetas tienen la autoridad de Dios para desarraigar, derribar, destruir, trastornar, edificar y plantar. Estas cosas vendrán como resultado de la palabra del Señor que fluye de la boca de los profetas.

5

La formación de un profeta

*Había entonces en la iglesia que estaba en Antioquía, profetas y maestros: Bernabé, Simón el que se llamaba Níger, Lucio de Cirene, Manaén el que se había criado junto con Herodes el tetrarca, y Saulo. Ministrando éstos al Señor, y ayunando, dijo el Espíritu Santo: **Apartadme** a Bernabé y a Saulo para la obra a que los he **llamado**.*

Hechos 13.1-2

Vino, pues, palabra de Jehová a mí, diciendo: Antes que te formase en el vientre te conocí, y antes que nacieses te santifiqué, te di por profeta a las naciones. Y yo dije: ¡Ah! ¡ah, Señor Jehová! He aquí, no sé hablar, porque soy niño. Y me dijo Jehová: No digas: Soy un niño; porque a todo lo que te envíe irás tú, y dirás todo lo que te mande. No temas delante de ellos, porque contigo estoy para librarte, dice Jehová. Y extendió Jehová su mano y tocó mi boca, y me dijo Jehová: He aquí he puesto mis palabras en tu boca. Mira que te he puesto en este día sobre naciones y sobre reinos, para arrancar y para destruir, para arruinar y para derribar, para edificar y para plantar.

Jeremías 1.4-10

El día 2 de febrero de 1976, mi esposa Myriam y yo fuimos invitados por mi hermano Gabriel a visitar la Iglesia Church On the Way en Van Nuys, California.

Fue en este lugar y en esta fecha histórica para nuestras vidas que tuvimos un encuentro personal con el Señor. En mi libro *Liderazgo, Ministerio y Batalla*, de Editorial Betania, relato la historia de nuestro llamamiento, preparación y separación para el ministerio.

Desde el momento de mi nuevo nacimiento, tuve una gran sed y un hambre incesante por la Palabra de Dios. En mi caminar ministerial nunca enseño nada sin que antes tenga el respaldo absoluto de la Biblia. De hecho, uno de los primeros pasajes que penetró mi corazón fue el consejo del apóstol Pablo a su hijo espiritual Timoteo:

> *Procura con diligencia presentarte ante Dios aprobado, como obrero que no tiene de que avergonzarse, que usa bien la palabra de verdad.*

2 Timoteo 2.15

Anteriormente, Pablo había dicho a Timoteo: «Entre tanto que voy, ocúpate en la lectura, la exhortación y la enseñanza» (1 Timoteo 4.13), pero aquí recalca que la *estudie* como *obrero* (del griego *ergorr* trabajo, esfuerzo)[1]. Para literalmente *trazar o dividir correctamente* la Palabra de Dios.

Durante muchos años me preparé para ministrar la Palabra de Dios, pues desde el momento de mi conversión sentía un llamado para hacerlo por todo el mundo. Nunca comprendí el llamado de Dios para mi vida pues no se enseñaba ni se predicaba acerca del ministerio del profeta. El uso que hacía de la Palabra resultaba cortante para muchos. No creo que

---

1 . *Biblia Plenitud*, Editorial Caribe, Miami, FL, 1994, p.1605.

esto haya sido la situación ideal, pero a los profetas les apasiona confrontar el pecado y el error. No fue hasta muchos años después que pude entender la naturaleza de mis acciones.

El 31 de julio de 1983, el Señor cambió el curso de mi vida. A través del Dr. Bill Hamon, un profeta con un ministerio muy respetado y quien contribuyó en la redacción de este libro, Dios habló a mi esposa y a mí acerca de nuestro llamamiento a servir como profeta a las naciones.

En aquel tiempo, me encontraba totalmente decepcionado, herido y frustrado. Sabía que Dios me había llamado a servirle pero parecía que ni aun la iglesia a la que asistía reconocía el llamamiento en mi vida. Estaba pasando por un desierto emocional y buscaba un lugar donde me dieran la oportunidad de demostrar los talentos que Dios me había dado. Aunque en ese momento no lo reconocía, Dios estaba trabajando en mí y preparándome para su propósito en vida. Mi carácter y personalidad frecuentemente me causaban problemas con otros. En la iglesia me conocían como «el hermano espada» pues muchas veces usaba la Biblia para enjuiciar a todo el que no caminaba conforme ella o para corregir errores doctrinales. Ahora reconozco en esto el celo de profeta, pero en muchos casos también, la falta de sabiduría.

Mis conceptos teológicos y predisposición mental me impedían aceptar a quienes diferían doctrinalmente de mí. En ocasiones hasta el liderato pastoral era víctima de mis ataques. Me resultaba muy difícil someterme a un líder que en mi opinión no tuviera el entendimiento o el conocimiento y mucho menos la unción del Espíritu Santo que yo tenía.

En esta búsqueda de dirección para mi vida y ministerio, el Señor habló a mi esposa y a mí y nos reveló sus planes. ¡Con cuánto amor y gracia nos presentó sus propósitos! Nos dio las instrucciones que estábamos esperando y nos mostró los pasos que debíamos dar. Como si hubiese estado leyendo el diario de nuestras vidas, el mensaje profético escudriñó nuestro corazón y nos reveló que Dios estaba en control de nuestras vidas. Las circunstancias y situaciones eran parte de su plan perfecto. Todo lo que nos ocurría tenía el propósito de moldearnos a su imagen y semejanza y prepararnos para el día en el cual seríamos *separados* para la obra del ministerio. Este fue el mensaje:

Tienes en tu vida un llamado a ser profeta, hay un ministerio profético dentro de ti. Es difícil para un profeta el estar bajo otro ministerio. Has sufrido algunas heridas, desengaños y decepciones, pero todo esto ha sido parte de lo que ha hecho Dios para llevarte a depender en el Señor y solamente en Él. Mas hay una unción de Dios sobre ti. Has pasado por la experiencia de Moisés, has sentido que has fallado, pero Dios te está preparando para que en SU tiempo puedas ser enviado a cumplir Su propósito para tu vida. Es necesario que te sometas a una relación como la de Eliseo y Elías para que el ministerio de profeta pueda fluir.

Dios te ha levantado en estos últimos días, y ha puesto una unción sobre ti. Has sido como un Ahimaas, has corrido como un atalaya sin tener todo el conocimiento; tienes el celo pero aún no es tu hora. La hora vendrá en que serás desatado para derramar la gloria y el poder de Dios. Reconoce que Dios ha estado en ti y que tienes una unción sobre tu vida; más, no te muevas hasta que tengas la claridad de espíritu y de mente. Nunca te muevas porque alguien diga, ¡muévete! Considéralo, pero espera en la confirmación de Dios.

Sé que hay un fuerte llamado de Dios sobre tu vida, pero he conocido a muchos con el mismo llamado y con la misma unción del Señor que viven saltando de un lado al otro, buscando una oportunidad de *brillar* y pronto se desaniman y frustran, se encierran en su lamento. Nunca triunfan, porque no se someten y permiten el obrar de Dios; quieren lograrlo por sí solos, mas Dios obra por medio de otros a los cuales usa para prepararlos.

Tienes habilidad para enseñar, inspirar y motivar la gente. Puedes dirigir con alabanza y adoración, exhortar e incentivar. Tienes celo evangelístico. Más tu llamado es el de profeta a las naciones y Dios te está llevando a ese ámbito porque Dios está levantando un ejército, no un ancianato.

Hablando a mi esposa Myriam, dijo:

El éxito de un hombre depende grandemente en su esposa. Ellas los hacen o los quebrantan. Toda pareja puede experimentar el cielo o el infierno en el ministerio, basado en la cooperación y ayuda o la oposición del cónyuge. La esposa tiene que tomar la decisión de Ruth «..adondequiera que tú vayas, iré yo, y dondequiera que vivas, viviré». Tu ministerio será mi ministerio, tu vida será mi vida».

Hablando a los dos nos dijo:

Presiento en mi espíritu que su ministerio y sus vidas han pasado por tiempos difíciles; retos y experiencias duras; ha habido ajustes, victorias y situaciones que han sido parte de la obra de Dios. Porque Dios tiene su mano sobre ustedes, no va a permitir que ustedes naufraguen. Han tratado de detenerse, pero Él va a labrarlos de una forma u otra hasta que puedan relucir. El Señor no va a darles una casita con un cerco blanco en el medio de la nada, sino que ha de ser en el medio de *sus propósitos*. Creo que finalmente se han rendido a Dios diciendo: ¡queremos vivir en tu perfecta voluntad!

Luego, en oración, impuso manos sobre nosotros y dijo:

Padre, así como Moisés impuso manos sobre Josué y le dio un cargo; así como Pablo y Silas fueron separados para el ministerio por la imposición de manos; Señor los separamos para los planes y propósitos de Dios. Imponemos manos sobre Héctor y Myriam. Tú sabes por lo que han pasado, has estado con ellos en medio de los retos, las heridas, los quebrantamientos, las presiones, los problemas. Sentimos en el espíritu los fuegos que les han rodeado, mas sabemos que no les has dejado ni desamparado.

Aunque se han sentido solos, pues nadie lo comprendía o lo apreciaba, Tú has estado siempre con ellos. Padre en el nombre de Jesús, les ministramos el poder y la unción de lo alto. Le ministramos sanidad al corazón y las emociones de nuestra hermana. Tú has visto como su mente ha sufrido estragos y confusión por cosas que no siempre ha comprendido. No siempre ha reconocido los tratos de Dios con su esposo y ha cuestionado la falta de sabiduría y madurez en algunas de las cosas que él ha hecho, mas siempre ha permanecido a su lado. Han ocurrido diferencias de opinión mas siempre han salido adelante por la gracia de Dios.

Señor, tu unción rompe los yugos que les han atado. El Señor dice: «He caminado con ustedes por los valles y por el fuego; cuando se sentían solitarios y frustrados. He tenido compasión sobre ustedes y ni por un momento me he separado de ustedes».

Y el Señor te dice esto: «Hijo mío, te he dado un espíritu de discernimiento para identificar a los lobos y a los verdaderos pastores que he puesto sobre mi rebaño y sobre mis ministerios. Voy a enseñarte cómo confiar, conocer y depender en mí, porque habrá muchos a los cuales te he llamado a capacitar, y muchos a los que te he llamado a ministrar; por no saber cómo confiar en mí, no confiarán en ti y no dependerán en ti; mas debes perdonar y desatar a aquellos que te han fallado, aquellos que te han engañado, aquellos que te han traicionado y te han causado llanto y sufrimiento. El Señor te ordena cancelar la deuda de los que te han ofendido.»

Y el Señor te dice esto: «Hijo mío, he puesto mi manto profético sobre ti. He puesto mi unción dentro y sobre ti, y he puesto sobre ti un depósito de mi gloria y regresaré un día por mi heredad. No quiero que seas como aquel que enterró su talento diciéndome "tuve miedo, no me dieron la oportunidad, no me abrieron puertas". No busco excusas sino obediencia y sumisión. Quiero que seas como el de los cinco talentos que dijo: "Padre, he invertido, he tomado riesgos, he tomado pasos de fe. Me he lanzado a ganar a otros". Yo te digo, hijo, te pido que tomes pasos de fe, sométete a mí, entrégate a mí y soltaré una nueva medida de mi unción. Haré algo nuevo en tu vida y nueva obra en tu espíritu. Yo te sacaré y prepararé porque tengo un plan y un propósito para tu vida. Eres mi hombre y no siempre comprendes mis senderos y mi obrar, pero te digo que estoy obrando, sí estoy obrando y yo lo sacaré a luz y yo perfeccionaré todo lo concerniente a ti, pues tus tiempos están en mis manos».

Después de esto, el doctor Bill Hamon, profetizó sobre mi esposa diciendo:

Myriam, el Señor te dice esto: «Hija, te he llamado a que seas confortadora y consoladora para este hombre. Te he llamado para que seas un balance y una ayuda para él». A veces has pensado: "Bueno él es el espiritual, él sabe que hacer y yo mejor me callo". Mas el Señor te dice: «Yo te he llamado para que seas boca que le habla, debes razonar y aconsejarle, no te he llamado para que te escondas en tu caparazón, ni para que te vayas a tu habitación en silencio. Te he llamado para que le hables y le respondas, para que causes que él piense y razone. Para que le muestres lo que el Espíritu te muestre y lo que tu corazón sienta. Hija, quiero que lo perdones de todo corazón por aquellas ocasiones en las que él no te comprendió, en las que no tuvo paciencia contigo. Algunas veces las cosas que él te dijo te hicieron sentir indigna e inferior, mas el Señor dice: ¡Perdónalo! Pues hacía lo mejor que podía con su nivel de madurez y habilidad, con el peso de las presiones y frustraciones».

Luego el Señor nos dijo a los dos:

«Quiero darle a los dos un corazón comprensivo y un alma perdonadora, para perdonar a otros y a sí mismos. Para amarse y unirse y así el diablo no tenga sitio en sus vidas. Restauro su unidad matrimonial, su unidad conmigo y su unidad a mi llamado. Los amo y los he llamado y los estoy preparando porque sus nombres están en mi libro de los que estaré usando en los últimos días y he determinado poner mi palabra por obra, dice el Señor».

Fueron estas poderosas palabras, que llegaron por boca de profeta, las que confirmaron el llamamiento y comisión al ministerio para el cual el Señor me ha llamado. Es mi deseo que a través de libro usted pueda reconocer el proceso de llamamiento y preparación para cumplir su propósito en nuestras vidas. Así mismo, cómo el ministerio profético es usado por Dios para *separar* a sus siervos para la obra del ministerio.

Con el paso de los años, hemos entendido las razones por las cuales Dios nos ha permitido atravesar por tiempos difíciles. Cada una de esta pruebas nos han enseñado cómo obra el enemigo y cómo Dios siempre convierte en una experiencia positiva lo que Satanás trata de usar para mal.

El día 5 de febrero de 1989, en la Iglesia Palabra de Gracia en Mesa, Arizona, el liderato de la iglesia convocó una asamblea de pastores, maestros y profetas de la ciudad y a nivel internacional. El grupo quedó constituido de la siguiente manera: Gary Kinneman, Dick Mills, Hal Sacks, Mark Buckley, Ron Woodworth, Leonard Griffin, Al Ells, y Robert Blayter.

El Señor nos dio las siguientes palabras proféticas a través de los labios de estos ministros.

• *Por el doctor Gary Kinneman:*

«Has esperado por muchos años este momento. Veo un paralelo con la vida de Jesús: treinta años de preparación, servicio y crecimiento en favor ante Dios y ante los hombres. Luego la unción desciende sobre el Señor Jesús en las aguas del Jordán. Esto cambia su vida dramáticamente. Veo algo similar en tu vida. Has esperado, has sido paciente, aun contra tus sueños, tus deseos y tu energía personal. Has esperado y esperado y súbitamente el Señor ha dicho: Ya es la hora. Creo yo que es la hora de Dios para tu vida. La multitud, la animación y la energía que se hizo presente en el culto de esta mañana, son solo una prueba de lo que Dios va a hacer en tu ministerio.

»Señor, te agradezco, por el espíritu, la unción, la hospitalidad, el amor, la gracia y el fervor que has puesto en Héctor y en Myriam su esposa. Esta noche los estás reconociendo. Esta noche lo haces tú, Señor. Es tu obra. Impongo manos en mi amigo, mi colaborador en el evangelio y le reconozco públicamente como un hombre dotado, maduro y líder en el Cuerpo de Cristo. Y ordenamos a Héctor y a Myriam para ejercer el ministerio de servicio, enseñanza, profecía y sanidad. En el nombre del Padre, del Hijo y del Espíritu Santo».

• *Por el pastor Mark Buckley:*

«El Señor los ha llamado a ser una pareja apostólica, para edificar en los fundamentos de apóstol. Irás a una iglesia y declararás la Palabra de Dios para ponerla en orden. El Señor te ha levantado para capacitar líderes y obreros, a establecer una fundación en Cristo Jesús».

• *Por el pastor de pastores, Hal Sacks:*

«Veo que el Señor te va a enviar a cruzar todo el mundo. Del norte al sur, del este al oeste. Pero el Señor promete mantenerte fuerte e impedir que tropieces. La fortaleza que te sostendrá será tu reconocimiento de 2 Corintios 3.5-6, el reconocer que tu poder, habilidad y suficiencia provienen de Dios. Él te ha hecho un ministro competente de su palabra, y los ha separado a ambos».

- *Por el profeta y pastor Ron Woodworth:*

«El Señor te dice esto: "Mi pueblo es destruido por falta de conocimiento. Mas yo te estoy equipando con un conocimiento profético y perspicacia. Dónde yo te enviaré, vas a necesitar del poder de Dios. ¿Sabes? Como mi hijo Jesús, que anduvo haciendo bienes y sanando a todos los oprimidos por el diablo. Esta noche te unjo y a tu cónyuge, la compañera de tu juventud, con una doble unción para batallar contra principados y poderes y toda clase de espíritus de tinieblas. Aún ahora están muy nerviosos, dice el Señor, porque a donde te estaré enviando, irás en el poder del evangelio del Cristo resucitado. No irás a un sitio para ser apologético del evangelio. Mi evangelio no es una fábula para discutir, sino un hecho para declarar, y declaración harás. Voy a traer una celebración a sus espíritus que levantará los techos en muchos lugares a donde te enviaré. Te envío para que abras los techos a un derramamiento de mi Espíritu que consumirá la religiosidad y traerá un sacrificio agradable a mí. Te movilizaré y activaré para un evangelio agresivo. Porque te estoy enviando a alcanzar a los perdidos y a liberar a los cautivos».

- *Por el doctor Al Ells:*

«El Señor también te recuerda que recientemente han venido problemas, ofensas y dificultades raras a tu vida. La causa de estas no ha sido la carne sino el enemigo, que súbitamente ha descubierto quién eres. Los ojos del enemigo se han abierto a la unción de Dios para tu vida. Esto no es para que temas, sino para que andes en sabiduría y camines un camino recto y sincero.

Deja que tu testimonio establezca una clara victoria en donde quiera que vayas. El Señor te da la victoria».

• *Por el pastor Leonard Griffin:*

«Al escuchar lo que dice el Señor, fui incitado a recordarte de la necesidad de levantar un equipo de intercesores que oren por ti. Todos necesitamos de oración pero tú, por la naturaleza de tu ministerio, vas a necesitar un cuerpo de intercesores que los cubran con oración diariamente, personas que intercedan y se levanten en la brecha por ustedes. Estos deben venir no solamente del ministerio hispano de su congregación, pero de todo el cuerpo de Cristo. El Señor desea oración intensiva por ustedes por el potencial que Dios tiene para ustedes. Junten, pues, hombres y mujeres que les han sido fieles, que les han amado, y que se comprometerán a estar en la brecha diariamente por ustedes, particularmente durante aquellos tiempos que estén de viaje, los cuales van a aumentar en días venideros. Escucho al Espíritu de Dios decir: "Orad más y orad con fervor"».

• *Por el maestro Robert Blayter:*

«La palabra del Señor dice que al que es fiel en lo poco, mucho le será dado. Nadie es llamado a ser fiel en lo mucho al comenzar. La promesa es entonces: serás fiel en mucho. Ha llegado la hora de ser fiel en lo mucho. En Lucas 14, la parábola del gran banquete habla de un hombre rico que hizo una gran cena e invitó a muchos, mas nadie vino; todos sus invitados tenían excusas. Envió pues a sus siervos a traer a los mancos, los cojos, los pobres y los ciegos. Habiendo hecho esto, le dijeron que todavía había lugar. Creo que tendrás un gran ministerio aquí y en Latinoamérica. Pero el Señor va a edificar con aquellos que muchos han desechado. No tienes que buscar lo grande y poderoso. Dios te usará con un ministerio de restauración no solamente acá sino mundialmente».

- *Por el pastor de pastores, Hal Sacks:*

«Te veo como a un Josué joven. No eres de la generación antigua sino nueva. Y el Señor te dice: "Nadie se levantará y prevalecerá contra ti. Como estuve con mi siervo Moisés, así, estaré contigo. No te dejaré ni desampararé. Esfuérzate y sé valiente. Una pareja valiente. Te veo como un león valiente. Como a Aslan el león de las Crónicas de Narnia. Esfuérzate, porque causarás que el pueblo conquiste su tierra. Llevarás a mi pueblo a la conquista, hombre de valor. Pero no irás solo. Los intercesores irán delante de ti y prepararán el camino. Y tú irás y tomarás la tierra"».

- *Por Dick Mills, profeta del Señor:*

«*Ensancha el sitio de tu tienda, y las cortinas de tus habitaciones sean extendidas: no seas escasa; alarga tus cuerdas, y refuerza tus estacas. Porque te extenderás a la mano derecha y a la mano izquierda; y tu descendencia heredará naciones, y habitará las ciudades asoladas* (Isaías 54.2-3). Te extenderás a la mano derecha y la izquierda. «E invocó Jabes al Dios de Israel, diciendo: ¡Oh, si me dieras bendición, y ensancharas mi territorio, y si tu mano estuviera conmigo, y me libraras del mal, para que no me dañe! Y le otorgó Dios lo que pidió» (1 Crónicas 4.10). Señor, otórgale su pedido. El Señor va a unirlos en ministerio. Uno plantará la semilla, el otro la regará con lágrimas y oración y Dios dará el aumento.

»No hagas nada sin antes consultar con tu esposa. Uno pone a mil en fuga, dos ponen a diez mil en fuga. Dile a tu esposa: Tú me representas a nueve mil.

»Job 8.7 dice: *Y aunque tu principio haya sido pequeño, tu postrer estado será muy grande.*

Jeremías 29.11 dice: Porque yo sé los pensamientos que tengo acerca de vosotros, dice Jehová, pensamientos de paz, y no de mal, para daros el fin que esperáis.

»El Señor me dio una visión de una roca que cae al agua y causa una ondulación. Como en Hechos 1.8, tu ministerio te llevará por esta ciudad, esta nación, por Norteamérica, Centroamérica y Sudamérica y a los confines de la tierra. Dios te permitirá llevar un ministerio milagroso alrededor del mundo. El Señor me dio una visión, que en la próxima década, Héctor y Myriam serán levantados y el resultado será UN MILLÓN de católicos romanos, nacidos de nuevo y llenos del Espíritu Santo. ¡Aleluya!

El fruto de la ordenación

Mantengamos la confesión de nuestra esperanza firme, porque aquél que nos ha dado sus promesas, no nos fallará.
Hebreos 10.23 (The Twentieth Century New Testament)

Han pasado más de diez años desde el día de mi ordenación al ministerio. La verdad es que las palabras proféticas que recibí aquel día fueron más de lo que mi mente o mi corazón pudieron recibir y asimilar. Algunas de ellas me parecieron tan increíbles que, francamente, no veía cómo Dios iba a poder hacerlas realidad.

Mirando hacia atrás y viendo lo que Dios ha hecho durante la última década, puedo decir confiadamente que estas palabras proféticas se han cumplido. Como dice el profeta Habacuc 2.3: *Aunque la visión tardará aún por un tiempo, mas se apresura hacia el fin, y no mentirá; aunque tardare, espéralo, porque sin duda vendrá, no tardará.*

A través de los años, hemos recibido muchas promesas de Dios por boca de sus profetas. Siervos y siervas como Cindy Jacobs, Jim Lafoon, Mike Bickle y otros más. Así mismo, el Señor ha usado mi ministerio para dar palabra a miles de personas en varios continentes. Aun así, sé que el ministerio al cual me llamó Dios es el llevar el mensaje de Dios a ciudades y naciones.

Creo que la más grande confirmación a nuestro llamamiento es que nuestros compañeros y líderes de Dios, reconocidos por sus ministerios internacionalmente, reconozcan públicamente el llamado que Él nos ha hecho.

En septiembre de 1998, durante una conferencia en Saint Louis, Missouri, un pequeño grupo de profetas se reunió para discutir la posibilidad de establecer una red de responsabilidad y relaciones entre algunos de los ministerios proféticos más reconocidos de la nación. Aprovechando la reunión, convocada por el Dr. C. Peter Wagner y nombrada como la Escuela Nacional de Profetas, se acordó invitar a profetas de todos los «manantiales» del fluir de Dios en diferentes partes del mundo al Centro Mundial de Oración en Colorado Springs.

Así pues, la reunión se llevó a cabo el día 27 de enero de 1999. Los profetas invitados para participar fueron un grupo de dieciocho personas, entre las que estaban incluidos: Mike Bickle y Paul Cain, de Kansas City; Jim

Gall, de Nashville; Bill Hamon, de Florida; Rick Joyner y Kungsley Fletcher, de Carolina del Norte; Jim Lafoon, de California; John y Paula Sandford, de Idaho; Tommy Tenney, de Baltimore; Bárbara Weintroble, de Texas; y Cindy Jacobs, Chuck Pierce, Dutch Sheets, Mike Jacobs, Peter Wagner y yo.

Después de orar un día entero y buscar la mente del Señor, Él nos dio una palabra profética de orar fervientemente pues vendrían días de violencia en las escuelas secundarias y en los centros comerciales. Los pastores de Colorado Springs recibieron la palabra con temor, y movilizaron a sus congregaciones y a la ciudad. Desafortunadamente, algunos pastores del área de Denver se enojaron y declararon que la palabra era alarmante y no edificaba por lo que ignoraron el mensaje profético para el área. Tres meses más tarde ocurrió la triste tragedia de la Escuela Secundaria Columbine, en Littleton, un suburbio de la ciudad de Denver.

A raíz de esta reunión se hizo oficial el «Consejo Apostólico de Ancianos Profetas (CAAP)» bajo la cobertura apostólica del Dr. C. Peter Wagner.

¿Cuál es el propósito del CAAP?

Los profetas decidimos establecer una relación permanente para promover un orden de responsabilidad y contabilidad mutua, bajo una cobertura apostólica que estableció guías sobre las palabras proféticas entregadas públicamente. Esperamos que haya un alto nivel de credibilidad e integridad en el ministerio de la profecía pública. Esperamos se establezcan estándares de excelencia para los profetas de esta generación y, si el Señor tarda, de todas las venideras.

«No podemos tener una fundación más sólida para la Iglesia del futuro de no tener en operación apóstoles y profetas genuinos. Pero los dones y los oficios no son suficientes. Solamente cuando los apóstoles y profetas estén propiamente atados y entrelazados y halando juntamente para el Reino de Dios habrá avance alrededor del mundo, como lo desea Dios para esta generación».[2]

- *Gary Kinnaman, DD, autor, maestro, miembro de la Red de Guerra Espiritual. Pastor de la Iglesia Word of Grace en Mesa, Arizona.*

- *Mark Buckley, escritor para Charisma Magazine, pastor de la Iglesia Community of Living Streams en Phoenix, Arizona.*

- *Hal Sacks, pastor de pastores, presidente del Ministerio El Shaddai. Miembro de la Red de Guerra Espiritual.*

- *Ron Woodworth, profeta, salmista, pastor y anfitrión de televisión.*

- *Al Ells, autor y director del Centro Samaritano de Consejería y Asesoramiento.*

- *Leonard Griffin, pastor de la Iglesia Covenant of Grace en Phoenix, Arizona.*

- *Robert Blayter, maestro.*

- *Dick Mills, profeta internacional.*

---

2 Wagner. Apostles and Prophets, The Foundation of the Church. (Apóstoles y Profetas, Fundamento de la Iglesia) capítulo 8, p.1, del original en inglés.

6

El cumplimiento de su profecía personal

Por el Dr. Bill Hamon

El Dr. Hamon es obispo y fundador de numerosos ministerios cristianos y tiene oficinas en Inglaterra, Japón, Australia, Canadá Y Estados Unidos. Es ampliamente reconocido como apóstol y profeta y director de la red profética más grande del mundo. Con más de 40 años en el ministerio, ha capacitado a más de 7500 estudiantes y profetas durante los últimos años. Es autor de numerosos libros sobre los ministerios del apóstol y del profeta. Sus libros sobre estos temas son textos clásicos.

La mayoría de los predicadores y teólogos cristianos están de acuerdo con el hecho de que en el Antiguo Testamento existieron muchos profetas. Todos también concuerdan en que los profetas eran el medio principal de comunicación usado por Dios para expresar al ser humano sus deseos y propósitos. Sin embargo, hay teólogos que por no tener el conocimiento apropiado y no haber experimentado el mover profético, han cuestionado la credibilidad de los profetas y del ministerio profético en la iglesia neotestamentaria. Estos, a su vez, han desarrollado doctrinas extrañas y han sugerido que al establecerse la iglesia, la necesidad de tener profetas y de recibir el ministerio profético desapareció. Nada más lejos de la realidad.

El bautismo con el Espíritu Santo, el nacimiento de la iglesia y la publicación de la Biblia no eliminaron la necesidad que tenemos de escuchar la voz profética del Señor. Al contrario, esta necesidad se intensificó. Pedro declaró que el profeta Joel estaba hablando acerca del tiempo de la iglesia cuando proclamó: «Y derramaré mi Espíritu sobre toda carne, y vuestros hijos y vuestras hijas profetizarán» (Hechos 2.17). Pablo enfatizó esta verdad cuando le dijo a la iglesia en Corinto: «Procurad profetizar» (1 Corintios 14.39; Efesios 4.11).

Dios todavía desea que su voluntad se exprese verbalmente. Por esto ha establecido el ministerio profético como una voz de revelación e iluminación que muestra la mente de Cristo a la raza humana. El Señor también usa este ministerio para dar instrucciones específicas sobre cómo se debe cumplir su voluntad divina en la vida de un individuo. Claro está, que el ministerio del profeta no es para añadir u omitir porciones de la Biblia; al contrario, es para traer claridad y para dar más detalles sobre lo que ya está escrito.

Este capítulo es para aquellos que han recibido una palabra profética, desean entenderla y quieren responder apropiadamente para que ésta dé fruto. Esto no quiere decir que la profecía personal sustituye la responsabilidad y el privilegio que cada cristiano tiene de oír la voz de Dios por sí mismo. A Dios le desagrada cuando permitimos que otras cosas tengan prioridad en la búsqueda de una relación íntima con Él, aun cuando este obstáculo sea el ministerio para el cual Él nos llamó.

Una vez que hayamos recibido una palabra profética personal de parte de Dios, es nuestra obligación saber cómo responder adecuadamente a ella.

Esta es la razón por la cual deseo compartir seis principios proféticos para responder apropiadamente a la voz de Dios. He aprendido estas importantes verdades a través de mis 39 años de experiencia en el ministerio.

La mayoría de los cristianos desconocen que así como el profeta es responsable por la declaración que hace, la persona que recibe la profecía personal por responder correctamente a esta. Cabe señalar que existen más ejemplos bíblicos de profecías que nunca se cumplieron debido a que no se respondió en la forma correcta, de profecías que fallaron porque sencillamente eran falsas.

Mientras estudia estos principios, mantenga presente, que la base bíblica de la profecía personal es que esta siempre es condicional, no importa si en esa palabra profética se utilizan términos claros o se especifican ciertos requisitos.

Seis principios para responder apropiadamente a la palabra profética

1. *Una actitud correcta*. Nuestra postura en relación a la profecía debe ser la de una actitud bíblica, y la actitud bíblica hacia la profecía es totalmente positiva. No solo se nos dice que debemos evitar el menospreciar las profecías (es decir, darle poca importancia), sino que también se nos exhorta a que las evaluemos y retengamos todo lo bueno y acertado que hay en ellas (1 Tesalonicenses 5.20,21). Más importante aún es saber que

Dios nos manda a procurar y a desear el ministerio profético (1 Corintios 12.31; 14.1,39). De hecho, este es el único ministerio que la Biblia dice que deseemos.

La profecía personal inspirada por Dios es una palabra específica para el individuo. Los mismos principios bíblicos acerca de la actitud que debemos tener hacia la palabra escrita, el *logos*, deben ser aplicados a la palabra *rhema* que es declarada proféticamente. Ciertas condiciones son esenciales para recibir una profecía personal. Estas son:

Fe. Básicamente, la actitud hacia los profetas y la respuesta apropiada hacia la profecía personal se debe basar en la creencia de que esto es bíblico, para así recibir con fe el ministerio profético que proviene de Dios. Hebreos 11.6 dice que sin fe es imposible agradar a Dios. Si recibimos, o deseamos recibir, profecía personal a través de un profeta o del presbiterio profético, debemos evaluar a fondo a quienes podrían ministrarnos. Si concluimos que estos tienen las cualidades necesarias (esto es, son hombres y mujeres de Dios competentes en su ministerio) las profecías deben ser recibidas con total confianza y creyendo que son verdaderas. El creer es imperativo para que la profecía se cumpla. Hebreos nos habla acerca de los israelitas en el desierto. Hebreos 4.2 dice: «Porque también a nosotros se nos ha anunciado la buena nueva como a ellos; pero no les aprovechó el oír la palabra, por no ir acompañada de fe en los que la oyeron» (Éxodo 6; Hebreos 3.17-19). Contrario al pueblo de Israel, vemos cómo Josafat creyó y respondió apropiadamente a la palabra profética declarada por Jahaziel. Su respuesta llena de fe en la profecía personal resultó en una proclamación para el pueblo de

Dios: «Creed en Jehová vuestro Dios, y estaréis seguros; creed a sus profetas y serás prosperado». La fe que Josafat tuvo en la palabra profética trajo como resultado una gran victoria (2 Crónicas 20.22). Si la declaración profética es recibida con una buena disposición y con fe, entonces la palabra *rhema* que es oída traerá consigo lo necesario para el cumplimiento de esa declaración: «Así que la fe viene por el oír, y el oír por la palabra (*rhema*) de Dios» (Romanos 10.17).

Obediencia. La verdadera fe siempre viene acompañada de la obediencia. Santiago 1.22 nos dice: «Pero sed hacedores de la palabra, y no tan solamente oidores, engañándoos a vosotros mismos». Si en nuestro oír no progresamos hasta el punto de poner en práctica lo que hemos escuchado, seremos engañados fácilmente. Cuando el Señor decide dirigirse a nosotros con una palabra profética, no lo hace para entretener nuestro intelecto sino para darnos el entendimiento necesario para hacer su voluntad (Deuteronomio 29.29; Romanos 2.13). Así que es mucho mejor no recibir una palabra profética, que recibirla y no hacer nada de lo que ella nos manda. «Y el que sabe hacer lo bueno y no lo hace, le es pecado» (Santiago 4.17). Si obedecemos y hacemos exactamente lo que la palabra profética dice, no seremos engañados, y nuestro espíritu y mente estarán dispuestos a conocer la voluntad de Dios. Jesucristo dijo, «el que quiera hacer la voluntad de Dios, conocerá si la doctrina es de Dios, o si yo hablo por mi propia cuenta» (Juan 7.17). Por lo tanto, si creemos y hacemos lo que es debido, el Señor nos hablará y revelará más acerca de su voluntad para nuestras vidas.

Un ejemplo bíblico de esta actitud la vemos en Noé cuando él recibió la palabra profética y la obedeció. Su obediencia salvó a toda su familia (Génesis 6). En cambio, podemos ver al rey Saúl, quien desobedeció la palabra profética que Samuel le había dado y como consecuencia sus descendientes perdieron el derecho al trono de Israel (1 Samuel 15.24).

Por lo tanto, la actitud apropiada o la respuesta correcta hacia la profecía personal requiere de *obediencia* y de cooperación. De esta manera tendrá lugar en nuestra vida y nos llevará al cumplimiento de la voluntad de Dios: «La palabra de Cristo more en abundancia en vosotros, enseñándoos y exhortándoos unos a otros en sabiduría, cantando con gracia en vuestros corazones al Señor con salmos e himnos y cánticos espirituales» (Colosenses 3.16).

Paciencia. En Hebreos 6.12 se nos dice que no solo la fe hace que las promesas sean heredadas sino que también se necesita la paciencia. Estas dos cualidades nos permiten apropiarnos de las palabras proféticas hasta que la promesa sea alcanzada.

Después de que hayamos recibido una profecía personal y comprobado que es una palabra genuina, debemos mantener una fe constante y la confianza plena de que llegará a cumplirse, sin importar el tiempo que pase. A veces esto no resulta nada fácil, requiere que sigamos buscando *pacientemente* la voluntad de Dios. Si estamos convencidos de que el Espíritu Santo originó esta palabra, no debemos permitir que nada ni nadie la hurte.

¡Las profecías personales se asemejan a las perlas preciosas! Cuando Jesús dijo que no echáramos las perlas a los cerdos se refería a los fariseos. No debemos, pues, llevar algo que Dios nos ha dado y compartirlo con líderes religiosos que no creen que Dios habla hoy por medio de la profecía personal. El diablo puede usar —y usa— ministros y amistades que, con buenas intenciones, tratan de hurtar la palabra que Dios nos ha dado. No debemos permitir que esto pase. Aunque la profecía nos cause confusión, frustración o desánimo, debido a que no hemos visto su cumplimiento, debemos esperar en el Señor. ¡Él cumplirá su promesa! Y transformará y cambiará nuestras circunstancias.

En Salmos 37.5-11 tenemos una exhortación muy clara sobre la respuesta apropiada a la profecía personal, en especial para aquellas áreas que hablan del ministerio y de lo que Dios quiere hacer. Este pasaje lo podríamos interpretar así:

«Encomienda a Jehová tu camino (*la forma como sus profecías pueden ser cumplidas*), confía en él (*su profecía personal*) y él hará. No te alteres con motivo del que prospera en su camino (*la persona cuyo ministerio está creciendo*), por el hombre que hace maldades (*el ministro que está prosperando y que tiene éxito, pero que demuestra fallas en su carácter haciendo las cosas a su manera y no de acuerdo a lo que Dios dice*). Deja la ira (*el enojo contra Dios por no haber respondido cuando se quería que él lo hiciera*), deja el enojo (*olvida las frustraciones y la obligación que sientes de hacer cumplir tu profecía antes del tiempo indicado*)... Pero los que esperan en Jehová, ellos heredarán la tierra....y se recrearán con abundancia de paz».

Otros pasajes bíblicos que aclaran este principio divino se encuentran en Hebreos 10.35,36; Salmos 27.14; e Isaías 40.31. Como ejemplo bíblico de esta actitud, vemos que José recibió una visión cuando tenía 17 años pero esperó con paciencia el tiempo de Dios (Génesis 37-42). Encontramos también que la impaciencia de Abraham acerca de la promesa profética de tener un heredero resultó en un Ismael (Génesis 15.4; 16.2).

Humildad, mansedumbre y sumisión. El responder apropiadamente a una palabra profética requiere también que el creyente la reciba con un espíritu de humildad, mansedumbre y sumisión. Si decidimos aceptar una palabra profética pero respondemos a ella con orgullo, enojo, duda, resentimiento, crítica, autojustificación o arrogancia, revelamos un estado de inmadurez o un espíritu erróneo. Debemos entender que una actitud incorrecta tiende a neutralizar aquello que Dios ha declarado que desea hacer.

Algunas veces tenemos ideas preconcebidas sobre el gran ministerio que creemos Dios confirmará por medio del profeta. Cuando Dios no nos habla acerca de nuestros deseos de ser famosos, entonces nos desilusionamos, nos deprimimos y hasta nos enojamos con él. Muchas veces insistimos en pensar que el profeta o el presbiterio profético se equivocaron y no supieron discernir la mente del Señor.

En algunas ocasiones, las palabras que el Señor nos da por medio de profecías requieren cambios en nuestro comportamiento y actitudes. Santiago 1.21 dice: «Recibid con *mansedumbre* la palabra». Debemos estar dispuestos a responder con sabiduría. La Biblia nos dice que si amonestamos al sabio, él será más sabio, pero si amonestamos al necio este nos odiará. Una persona que es madura y que tiene una actitud correcta, responderá apropiadamente a la profecía personal aun cuando esta fuese de corrección, demostrando de esta manera los atributos de la sabiduría celestial: «Pero la sabiduría que es de lo alto es primeramente pura, después pacífica, amable, benigna, llena de misericordia y de buenos frutos, sin incertidumbre ni hipocresía» (Santiago 3.17).

Finalmente, el orgullo puede impedir que se cumpla la profecía personal. Un ejemplo lo encontramos en 2 Reyes 5 cuando Naamán, el general del ejército de Siria que era leproso, quería que el profeta Eliseo lo sanara. Cuando Eliseo envió su mensajero a Naamán diciéndole que se sumergiera en el río Jordán para que se sanara, este se enojó. Su orgullo personal fue herido porque Eliseo no había salido a recibirle y su sentido de orgullo nacional fue lastimado porque el río Jordán estaba en Israel y no en Siria. El pasaje bíblico nos dice que a la larga Naamán se humilló y obedeció las instrucciones de Eliseo y su obediencia a la palabra profética produjo la sanidad. La disposición de Naamán de dejar a un lado su orgullo y de actuar en obediencia activó la profecía para que esta se cumpliera.

2. *Grabar, leer y meditar en su profecía*. Uno de los principios importantes para responder apropiadamente a la profecía personal es el grabar lo que se ha dicho y luego transcribirlo para así poder leerlo y meditar en ello. El apóstol Pablo le dijo a Timoteo: «No descuides el don que hay en ti, que te fue dado mediante profecía con la imposición de manos del presbiterio. Practica estas cosas. Ocúpate en ellas, para que tu aprovechamiento sea manifiesto a todos» (1 Timoteo 4.14,15) En esta porción bíblica Pablo le estaba recordando a Timoteo que él había recibido un don por medio de la profecía, cuando el presbiterio profético le había ministrado. Además le recordó que no descuidara el don que había

en él. Pablo también le dijo que meditara sobre sus profecías personales para que todo lo que le había sido declarado, se manifestara y fuera de provecho para todo el cuerpo de Cristo.

Esto nos lleva a preguntar: ¿Cómo podría Timoteo meditar en las palabras que habían sido declaradas sobre él por el presbiterio profético a menos que él las hubiera escrito? Obviamente, aquellos cercanos a Timoteo conocían el antecedente bíblico de escribir y meditar sobre lo que Dios había dicho. Los siguientes pasajes bíblicos nos muestran lo importante que es anotar y meditar sobre la palabra profética: Habacuc 2.2; Apocalipsis 2.1; Isaías 8.1; Jeremías 36.2; Ezequiel 2.10; 3.1-3; Zacarías 5.1-4; Josué 1.8; Salmos 1.2; 19.14; 39.3; 63.6. Muchas de las profecías que recibí en los primeros años de mi ministerio (las décadas de 1950 y 1960) no se pudieron grabar en cintas magnetofónicas debido a que los equipos de sonido no eran muy accesibles. Aun así algunas de las profecías fueron grabadas usando los carretes de 7 pulgadas, que luego se volvían a grabar en carretes más pequeños y por último eran transcritas. Hoy en día, podemos grabar con más facilidad, y siempre debemos hacer uso de estos recursos cuando estemos ministrando una profecía personal.

Cuando no le damos la suficiente importancia a lo de grabar la palabra profética, ella con el tiempo pierde su valor ya que los detalles de la profecía se olvidan fácilmente. Esto se hace más evidente cuando la profecía es extensa debido a que la mente humana solo puede retener un porcentaje limitado de lo que oye. Les hablo por experiencia, personalmente solo puedo recordar dos o tres frases de las miles de palabras que fueron declaradas proféticamente sobre mí y que nunca fueron grabadas. En síntesis, no podemos responder a la profecía personal adecuadamente a menos que la hayamos grabado, leído y entendido claramente.

Por esta razón, se requiere una preparación adecuada antes de la ministración. Cuando el presbiterio profético ministra, estas personas normalmente harán los preparativos necesarios para grabar todo.

Otro de los beneficios que podemos recibir al tener la profecía grabada es que podemos compararla con otras palabras que hayamos recibido anteriormente. Por lo general, las palabras proféticas tienden a compartir la misma idea, o hacen uso de palabras similares, sin importar que las declaraciones proféticas provengan de personas diferentes que no tienen previo conocimiento de lo que se ha dicho en otras ocasiones. Esta armonía profética confirma que las palabras son genuinas y que provienen del Señor, porque están siendo confirmadas por la boca de varios testigos.

Además de beneficiar a la persona que recibe la palabra profética, la grabación protege al profeta. Algunas personas malinterpretan, o tergiversan lo que oyen o lo que ellos creen que escucharon en la profecía. Entonces lo que se recuerda puede ser aplicado conforme al deseo egoísta de la persona y no conforme a la voluntad de Dios.

Otra ventaja de grabar, escribir y meditar en la profecía personal es que nos revela la posibilidad de que la palabra tenga más de una interpretación. Muchas veces la forma como entendemos la palabra inicialmente no es la más apropiada o real. En una ocasión visité a un ministro para que me diera una palabra profética en lo concerniente a una necesidad financiera que tenía y que era muy urgente. En esa época me había atrasado en el pago de una deuda de cuarenta mil dólares. La profecía que recibí decía «supliré tu necesidad, porque negarte a ti sería negarme a mí mismo». Salí de allí confesando que el Señor había suplido mi necesidad pero no fue así. Más tarde le pregunté al Señor por qué no había cumplido su promesa. El Señor respondió: «Sí lo hice. Te di la provisión que te prometí por medio de mi siervo. Creías que tu mayor necesidad era ese pago, pero yo vi una necesidad mayor que el dinero y he cumplido fielmente». Entonces el Señor iluminó mi mente para que pudiera entender la gran provisión que Dios me había dado esa noche. A la luz de este ejemplo, siempre debemos repasar las profecías, ya sea con el pastor o con un anciano de la iglesia, que crea y entienda la profecía personal. Otras personas también pueden ayudarnos para estar seguros que no estamos cambiando el mensaje o malinterpretando la profecía.

Por último, conociendo que debemos grabar, escribir y meditar sobre la palabra profética tenemos que entender que no debemos tomar decisiones importantes o llegar a conclusiones rápidas que se basen en la palabra profética que estamos recibiendo en ese momento. Cuando recibimos palabra profética, es mejor escuchar atentamente, en actitud de oración, y sin llegar a conclusiones antes de haber tenido la oportunidad de transcribirla. En el momento de recibir la ministración, debemos mantenernos atentos al Espíritu cuando está dando testimonio acerca del espíritu del profeta y de la inspiración y motivación divina, en lugar de estar juzgando o evaluando la profecía en ese instante. Algunas condiciones, como nuestro estado emocional, mental y la postura física pueden ser barreras que impiden evaluar la profecía correctamente.

3. **Dar testimonio de la profecía** ¿Cómo sabemos que la palabra profética es veraz? De la misma manera que sabemos que somos hijos de Dios: «El Espíritu mismo da testimonio a nuestro espíritu» (Romanos 8.16). La profecía se prueba mediante principios bíblicos y usando el criterio adecuado para juzgarlas. Sin embargo, principalmente recibimos testimonio de la profecía en nuestro *espíritu*.

Algunas veces he escuchado a gente decir: «No sentí el testimonio del Espíritu en esa palabra». Pero después de interrogarles, entendí que algunos de ellos querían expresar que la profecía no se acomodaba a su teología. A otros, no les gustaba lo que se les había dicho y reaccionaban en forma negativa a lo profetizado. En estos casos, se equivocaron al asumir que testificamos con nuestra mente carnal, o con las emociones, o con la voluntad o conforme a nuestra propia opinión, deseos u objetivos.

Para poder dar testimonio acerca de una palabra profética, debemos discernir entre el alma y el espíritu. El *ámbito espiritual* del hombre es el lugar donde el amor divino y la fe operan; el alma contiene nuestras emociones, voluntad, imaginación y deseos; y la carne se conforma de los cinco sentidos, e incluye nuestros sentimientos.

Nuestro razonamiento está en la mente, no en el espíritu. Debido a esto, nuestras tradiciones, creencias y opiniones no deben ser usadas como base para aceptar la verdad profética. En realidad, estas facultades con frecuencia traen, duda, confusión, resentimiento, rechazo y rebelión en contra de la verdadera profecía personal. Algunas veces nuestra mente dice «¡no!» mientras que nuestro corazón nos dice «sigue». El alma nos dice

«¡no entiendo!», mientras que nuestro espíritu dice: «Fíate de Jehová con todo tu corazón, y no te apoyes en tu propia prudencia. Reconócelo en todos tus caminos, y él enderezará tus veredas» (Proverbios 3.5,6).

Como ejemplo, consideremos qué sucedería si un católico devoto recibiera una profecía diciéndole que no adore a María. ¿Estaría de acuerdo con esa palabra? Probablemente no y la rechazaría, debido a su tradición y devoción a la Virgen María. Asimismo, si se le profetizara el bautismo en agua por inmersión a un presbiteriano o el hablar en lenguas a un bautista tradicional, todos reaccionarían de la misma manera.

El problema que enfrentamos hoy en día es que muchos cristianos no saben discernir entre las reacciones negativas del alma y la ausencia del testimonio del espíritu. La reacción del espíritu se origina en lo más profundo de nuestro ser. Algunos creyentes dicen que la manifestación física es una sensación en la «boca del estómago» o en la parte baja del pecho. Cuando el espíritu reacciona a algo negativo, usualmente se manifiesta con nerviosismo, intranquilidad, o con un sentir inexpresable que nos dice que algo no está bien. Este es el espíritu diciéndonos: «¡No!», «¡Ten cuidado!» o «Algo está mal».

Se pueden «leer» acertadamente estas reacciones, cuando estamos más sintonizados con nuestro espíritu que con nuestros pensamientos. Si es la mente quien las provoca entonces puede ser que estemos teniendo una reacción del alma en lugar del testimonio del Espíritu.

Cuando el Espíritu de Dios da testimonio positivo a nuestro espíritu de que la palabra profética es acertada, que proviene de Dios y que está de acuerdo al propósito divino y a su voluntad, entonces nuestro espíritu reflejará el fruto del Espíritu Santo. Habrá una profunda paz, un gozo inexplicable y una sensación de amor y regocijo. Está sensación es la confirmación de que el Espíritu Santo está dando testimonio a nuestro espíritu de que todo está en orden, aunque en ese instante no entendamos todo lo que se nos dice, o nuestra alma no pueda captar inmediatamente todo lo que se ha declarado.

No tome acción si no tiene el testimonio del Espíritu. Si no hay ninguna reacción o sensación en su espíritu, y solo hay dentro de usted un sentir neutral, entonces debe «esperar y ver». Si el Espíritu no dice: «No hay razón para emocionarse, o no hay nada de qué preocuparse», hay que esperar y mientras tanto se debe confiar, obedecer, creer y hacer todo lo que sabemos que debemos hacer. Si la profecía es de Dios, se cumplirá y de esta manera llevaremos a cabo la voluntad de Dios.

Por último, para atestiguar la palabra profética hay que entender los conceptos *nueva revelación* y *confirmación*. Desafortunadamente, algunos enseñan que la profecía solo es para confirmar. Esta enseñanza sugiere que debemos rechazar todas aquellas profecías personales que presentan una idea totalmente nueva. Esta línea de pensamiento añade que Dios solo habla proféticamente acerca de cosas que ya hemos sentido en nuestro espíritu, y que esto es la confirmación. Esto sería lo ideal, pero no es siempre lo que sucede.

Sin duda alguna es más fácil recibir y dar testimonio de la profecía cuando esta es una confirmación de lo que se ha recibido anteriormente. Sin embargo, creo que nos engañamos cuando insistimos en que Dios tiene que hablarnos primero y cuando pensamos que Él nunca inspiraría a un profeta para declararnos algo totalmente nuevo. En realidad, creo que al pensar de esta manera estamos exaltando nuestro ego. Estamos diciendo que Dios siempre tiene que someterse a este método antes de que nos pueda hablar por medio de otra persona. Esta creencia no tiene base bíblica.

Podemos presentar algunos ejemplos bíblicos que demuestran que Dios sí puede, por medio de un profeta, declararle algo nuevo a una persona. Por ejemplo, David, el joven pastor de ovejas, fue ungido por Samuel quien profetizó que este se convertiría en rey. En ningún lugar encontramos evidencia de que este joven había soñado con ser rey de Israel.

Veamos otros ejemplos. Eliseo era un agricultor sin planes de entrar en el ministerio hasta que Elías le reveló que sería un profeta. Jehú no tenía idea de que sería rey de Israel hasta que Elías lo declaró. Pablo recibió su primera revelación de que sería un apóstol a los gentiles no de parte de Jesús en el camino a Damasco, ni tampoco de parte del Espíritu Santo. La recibió de Ananías, cuando este le profetizó y ministró sanidad.

No podemos rechazar la palabra del profeta o considerarla incorrecta simplemente porque no hayamos considerado la posibilidad de hacer aquello que se está profetizando. Dios usa a los profetas para expresar verdades nuevas no solo a la iglesia sino también a las personas. Debemos examinar a fondo toda palabra profética antes de rechazarla.

Cuando recibimos un nueva revelación a través de una profecía personal, lo mejor es considerar la palabra, escribirla y orar sobre ella. También debemos esperar y ver lo que sucede; debemos ser flexibles, accesibles y tener un corazón abierto. Cuando Dios abre las puertas en el área indicada, ya sabemos que es de Dios porque ya hemos recibido la confirmación de parte de Él. La confirmación profética muchas veces llega antes de que nos demos cuenta de que la necesitamos.

4. **Pelear la buena batalla.** «Este mandamiento, hijo Timoteo, te encargo, para que conforme a las profecías que se hicieron antes en cuanto a ti, milites por ellas la buena milicia» (1 Timoteo 1.18). Pablo le dijo a Timoteo que debía hacer más que solo meditar sobre las profecías; él le dijo que las utilizara para batallar. Podemos tomar las profecías personales que hemos visto y comprobado que son veraces y podemos guerrear basándonos en ellas. Los reyes de Judá e Israel, como David y Josafat, vencieron a sus enemigos al confiar en la profecía personal que recibieron de parte del profeta.

Josué también recibió una palabra específica acerca de la ciudad de Jericó y vemos como estas palabras, declaradas a él y a Josafat, proveyeron la estrategia para hacer lo que tenían que hacer y en el tiempo preciso Dios. Esta clase de palabra puede ser considerada una profecía personal. Ellos obtuvieron la victoria porque los líderes siguieron la dirección específica que el Señor les había dado para esa situación en particular.

El guerrear espiritualmente implica constancia y la profecía personal nos da el poder para perseverar. El Apóstol Pablo soportó con gozo grandes sufrimientos porque ya un siervo de Dios le había profetizado que era la voluntad de Dios que sufriera, por causa de Jesucristo, esas penalidades. «Porque yo le mostraré cuánto le es necesario padecer por mi nombre» (Hechos 9.16).

Si podemos tomar la profecía que se nos ha dado y con ella guerrear espiritualmente, sabemos que traerá como resultado la perfecta voluntad de Dios. Si confiamos en Dios, seremos bendecidos, pero también debemos creer lo que dicen los profetas para ser prosperados (2 Crónicas 20.20).

5. *No tome una decisión definitiva a menos que reciba instrucción específica*. Cuando una persona recibe una profecía que hace referencia a lo que Dios va hacer en la vida de esta, o el llamado que él o ella tiene, ¿qué debe hacer?

Miremos un ejemplo. Un joven que se ha consagrado al Señor y está estudiando leyes, recibe una profecía personal que dice que ha sido llamado a ser pastor. ¿Debe dejar de estudiar e ingresar al ministerio?, ¿debe terminar sus estudios?, ¿debería cambiar su carrera? En fin, al considerar todas sus opciones, ¿cómo sería la forma correcta de responder a la palabra que le fue dada?

De acuerdo al patrón bíblico, este joven no debe cambiar nada a menos que se le den instrucciones específicas. Si Dios no da una dirección concreta sobre lo que debemos hacer, es mejor continuar con lo que estábamos haciendo antes de recibir la palabra profética. Debemos tener esto en cuenta aunque se nos haya dicho que en el futuro haremos proezas. David fue llamado de donde pastoreaba las ovejas y Samuel le ungió como rey sobre Israel. Pero el Señor no le dijo cómo ni cuándo se cumpliría esto. Tampoco le dijo qué pasos debería seguir. Era simplemente una declaración profética. Después de esta ceremonia, David regresó al ministerio de pastorear ovejas, practicar con la honda, aprender a cantar y a tocar el arpa para ministrarle al Señor. David recibió la palabra de que iba a ser rey a una temprana edad, y durante ese tiempo lo único que podía hacer era esperar el tiempo de Dios y mantenerse ocupado hasta el día en que la profecía se cumpliese (1 Samuel 16). Toda profecía real que habla en tiempo futuro, aun las nuestras, deben esperar el tiempo de Dios para su cumplimiento.

Por otra parte, cuando la profecía recibida incluye instrucciones específicas y unción para tomar acción inmediata, entonces debemos hacer lo que se nos dice (2 Reyes 9). Como por ejemplo, Jehú, uno de los capitanes del ejército de Israel, recibió este tipo de profecía. Eliseo comisionó a uno de sus profetas para que llevará una redoma de aceite hasta Ramot de Galaad y allí debía ungir a Jehú como rey de Israel y luego tenía que huir. Este mensajero no solo ungió a Jehú como rey, sino que también profetizó la destrucción de la dinastía de Acab, lo que ya Elías había profetizado anteriormente.

6. *Conozca los principios universales de Dios*. Dios tiene requisitos, directrices y principios divinos que deben operar en el orden adecuado para que lo establecido por Él funcione. De la misma manera que hay leyes naturales en el universo y en la naturaleza, también hay leyes bíblicas espirituales que nos muestran cómo obtener y suplir nuestras necesidades personales y ministeriales.

Para que se forme el agua, tiene que darse la combinación correcta de hidrógeno y oxígeno (H_2O). Para que un avión vuele, debe tener el diseño y el empuje correcto. Este debe conformarse a las leyes de la aerodinámica para superar la ley de la gravedad y para que a su vez pueda despegar, mantener un vuelo controlado y aterrizar normalmente. La profecía personal es como el avión, nuestra capacidad de lograr y satisfacer lo que ha sido declarado depende del cumplimiento de ciertas leyes.

Por ejemplo, imagínese que alguien le da un auto para que haga un viaje alrededor del país. ¿Cree usted que solo tener un auto le garantiza que llegará a su destino? ¡No! Usted como conductor tiene la responsabilidad de tomar las precauciones necesarias para que el auto lo lleve adonde desea ir. Debe mantener el tanque de combustible lleno, el motor engrasado, agua en el radiador y las llantas en buenas condiciones. El hecho de que usted haya recibido una profecía personal que le haya mostrado lo que hará, o en quién se convertirá, o cómo cumplirá sus metas personales y ministeriales, no garantiza que usted llegará a la realización personal de esa declaración.

Para eso, debe mantener su «auto» lleno del combustible de la fe y la obediencia. Debe tomar las precauciones para tener la cantidad correcta del aceite de la confianza y guardar el nivel apropiado del agua de gozo.

La profecía personal es similar al proceso de preparar una torta al horno. Todos los ingredientes necesarios deben añadirse en la proporción adecuada, deben ser mezclados hasta tener la consistencia apropiada, y después debe cocerse al horno por el tiempo adecuado. Solo después de este proceso, la torta tendrá la forma y el sabor que hará que otros quieran disfrutar de ella.

La profecía personal es como obtener respuestas a nuestras oraciones. Jesús declaró que «pidamos y se nos dará», «De cierto de cierto os digo, que todo cuanto pidiereis al Padre en mi nombre, os lo dará» (Juan

16.23). Aun así muchos cristianos «piden» en oración muchas cosas pero nunca reciben respuestas. ¿Son las palabras de Jesús falsas o inexactas cuando los cristianos declaran estos versículos y nada sucede?, ¿debemos dejar estos versículos a un lado y decir que no son de Dios porque no recibimos respuesta? ¡Claro que no! Para que la oración sea contestada, como cuando se prepara la torta, ésta debe tener los ingredientes necesarios y no ser solo un acto de «pedir».

Santiago declara: «Pedís, y no recibís, porque pedís mal, para gastar en vuestros deleites» (Santiago 4.3). Aquí podemos ver cuáles son los ingredientes adicionales: pedir lo correcto, y con la motivación apropiada. Otros pasajes bíblicos, tales como Marcos 11.24 y Hebreos. 11.6, revelan que la «fe» debe ser añadida a nuestras oraciones para que estas sean contestadas.

De igual forma, esto puede aplicarse a la profecía personal. Hay ciertas actitudes y acciones que deben mezclarse y dejarse en «el horno del tiempo de Dios» antes de que puedan cumplirse. Así como el auto necesita mantenimiento para ser usado como medio de transporte, también la profecía personal no se cumplirá a menos que aprendamos a responder correctamente a la voz de Dios.

En resumen, deseo que memorice y medite en las respuestas apropiadas para la profecía personal hasta que las incorpore a su vida y ministerio. Confíe en Dios para que sea establecido, crea en las profecías personales y pelee la buena batalla con ellas de modo que usted pueda prosperar y ser victorioso en su vida y en su ministerio.

De estas pautas proféticas podemos concluir que no es suficiente con recibir profecía. Debemos también responder correctamente para ver su cumplimiento. Repasemos estos seis principios.

1. Tener los conceptos correctos acerca de la fe, la obediencia, la paciencia, la humildad, la mansedumbre y la sumisión.

2. Estar dispuestos a grabar, leer y meditar en las palabras proféticas que hemos recibido.

3. Aprender a discernir correctamente para poder dar testimonio de nuestras profecías.

4. Estar dispuestos a pelear la buena batalla.

5. No tomar una decisión definitiva a menos que recibamos instrucciones específicas para hacerlo.

6. Conocer los principios universales de Dios.

7

Precursores
de los cambios

Dios envía al profeta en respuesta al clamor de su pueblo. Estos preparan el camino para un fresco despertar de Dios, profetizan vida donde no la hay y preparan los corazones para una visitación especial de lo alto. Cuando una generación parece estar sin vida ni esperanza, siempre hay un remanente de hombres y mujeres fieles que sirven y oran al Señor por un derramamiento de su Espíritu; por cambios en una sociedad pecadora y corrupta que se ha apartado de Él.

En tiempos de Zacarías, el pueblo de Israel vivía bajo la mano de la conquista romana. Jehová no había hablado a su pueblo en más de cuatrocientos años. Las condiciones prevalecientes eran de caos y desesperanza. Sin embargo encontramos a una multitud fiel que intercedía ante el trono de Dios y a un sacerdote que ofrecía incienso en el santuario.

> *Aconteció que ejerciendo Zacarías el sacerdocio delante de Dios según el orden de su clase, conforme a la costumbre del sacerdocio, le tocó en suerte ofrecer el incienso, entrando en el santuario del Señor. Y toda la multitud del pueblo estaba afuera orando a la hora del incienso.*
>
> Lucas 1.8-10

El pasaje nos dice que Zacarías se encontraba orando dentro del templo, pues al ofrecer incienso se intercede (Salmo 141.2). Al mismo tiempo, fuera del templo se encontraba una multitud que también clamaba a Jehová.

En la Biblia encontramos muchos ejemplos que indican que Dios responde al clamor de su pueblo. Siempre que Israel se encontraba en tiempos de crisis y algún siervo o sierva clamaba a Jehová, Dios enviaba un ángel para avisarles que su oración había sido escuchada y generalmente, en respuesta, enviaba un profeta para preparar al pueblo para una visitación especial.

> *Pero el ángel le dijo: Zacarías no temas; porque tu oración ha sido oída.*
>
> Lucas 1.13ª

La respuesta fue la llegada del profeta Juan, nombre que significa favor y gracia. Juan fue el *precursor* de Jesús, es decir, vino delante para preparar al pueblo para la venida del Salvador (Lucas 1.16-17). Sin embargo, cuando Jesús vino, el pueblo no le reconoció. Entonces, llorando sobre la ciudad de Jerusalén, Jesús proclamó juicio sobre ellos.

> *Y cuando llegó cerca de la ciudad, al verla, lloró sobre ella, diciendo: ¡Oh, si también tu conocieses, a lo menos en este tu día, lo que era para tu paz! Mas ahora está encubierto de tus ojos. Porque vendrán días sobre ti, cuando tus enemigos te rodearan con vallado, y te sitiarán y por todas partes te estrecharán, y te derribarán a tierra, y a tus hijos dentro de ti, y no dejarán en ti piedra sobre piedra, por cuanto no conociste el tiempo de tu visitación.*
>
> Lucas 20. 41-44

¡Jerusalén, Jerusalén, que matas a los profetas, y apedreas a los que te son enviados! ¡Cuántas veces quise juntar a tus hijos, como gallina a sus polluelos debajo de sus alas, y no quisiste!

Lucas 13.35

El clamor de los profetas es para unir al pueblo de Dios. Desean que el pueblo se arrepienta y busque el rostro de Dios para así recibir la gracia y el favor de Dios. Juan el Bautista, se presenta ante una nación cautiva pero que tenía un remanente de intercesores clamando en oración por la misericordia de Jehová. La más fuerte oposición la encontró en el orden religioso, esto es, los sacerdotes y levitas. Todos los que estaban «a la cabeza religiosa» del pueblo, veían con temor la posibilidad de perder el control sobre el pueblo de Dios.

Por esto, Dios levanta precursores proféticos para llamar a un pueblo idólatra y pecador al arrepentimiento; para levantarles del valle de los huesos secos y profetizar vida sobre ellos.

Hijo de hombre, pon tu rostro hacia los montes de Israel, y profetiza contra ellos.

Ezequiel 6.2

Profeticé, pues, como me fue mandado; y hubo un ruido mientras yo profetizaba, y he aquí un temblor; y los huesos se juntaron cada hueso con su hueso. Y miré, y he aquí tendones sobre ellos, y la carne subió, y la piel cubrió por encima de ellos; pero no había en ellos espíritu. Y me dijo: Profetiza al espíritu, profetiza, hijo de hombre, y di al espíritu: Así ha dicho Jehová el Señor: Espíritu, ven de los cuatro

vientos, y sopla sobre estos muertos, y vivirán. Y profeticé
como me había mandado, y entró espíritu en ellos, y vivieron,
y estuvieron sobre sus pies; un ejército grande en extremo.

Ezequiel 37.1-10

La oración intercesora derrama un espíritu profético. En las Escrituras se nos dice que Zacarías fue lleno del Espíritu Santo y profetizó diciendo:

Bendito el Señor Dios de Israel, que ha visitado y redimido
a su pueblo.

Lucas 1.68

Ana fue otra de las precursoras a la visitación del Mesías. La Escritura nos dice que era una profetisa de avanzada edad, viuda por 84 años y sierva de Dios con espíritu de intercesión que servía en el templo con ayunos y oraciones (Lucas 2.36-38). Hoy día, al igual que con Juan el Bautista y Ana, Dios está levantando el ministerio profético y a ministros en el oficio de profetas como precursores para la más grandiosa visitación en la historia de la Iglesia. Estamos entrando en un tiempo nuevo, una nueva generación, que creemos será posiblemente la última. Si esto es cierto, la Iglesia está viviendo los momentos de preparación para el regreso del Señor. La Iglesia tiene el llamado profético de anunciar la venida del Señor, de llamar al arrepentimiento y de declarar públicamente a las autoridades su pecado, tal como lo hizo Juan el Bautista con Herodes.

Las promesas de Dios para el final de los tiempos incluyen un derramamiento sin precedente del Espíritu de Dios sobre toda la faz de la tierra. La promesa es que la tierra entera será llena del conocimiento de la gloria de Dios. La promesa de una lluvia postrera más grande que la primera nos trae a los días en que vivimos. Lo que los discípulos vieron e hicieron en el libro de los Hechos es solo una guía para que la Iglesia del final de los tiempos —que es la presente— tenga un modelo para establecer el reino de Dios en la tierra.

El ministerio profético y el oficio del profeta son parte del fundamento necesario para despertar a la Iglesia en su llamamiento de guerra espiritual e intercesión. Esta es la manera de poner al enemigo bajo nuestros pies (Hebreos 10.13, 1 Corintios 15.23-25), destruir las obras del maligno y establecer el señorío de Cristo en la tierra. Una vez que esto haya sido logrado, Cristo vendrá a reinar sobre todo el mundo y así permanecerá por los siglos de los siglos (Apocalipsis 11.15).

El *precursor* es aquel que es enviado para romper la brecha, para abrir el campo, para allanar. Sin embargo, cada vez que se trae mensaje profético de Dios para las regiones, ciudades y naciones llega una fuerte oposición de parte de las instituciones religiosas y el liderato eclesiástico. Esto se debe, muchas veces, a que el orgullo y el deseo de poder les impiden ver lo que está ocurriendo pues el corazón se ha endurecido para recibir un fresco mover del Espíritu Santo. Toda esta resistencia se basa en el desconocimiento que ha tenido la iglesia sobre el oficio del profeta. En estos tiempos estamos siendo testigos de la restauración de este ministerio tan importante para la conclusión de la Gran Comisión.

El reconocimiento del ministerio profético ha estrechado el lugar de comodidad para los líderes en el cuerpo de Cristo. Su mensaje de tocar trompeta y dar alarma no es aceptado por aquellos que han basado sus ministerios, imperios y megaiglesias en las promesas de Dios que son condicionales a la fe y la obediencia. Estos son prontos en olvidar el juicio de Dios sobre ciudades y naciones e ignoran los mensajes de los profetas sobre aquel que es el Dios de paz y justicia. Ese es el Señor que promete derramar su juicio sobre las naciones de este mundo.

Precursor en Latinoamérica

Por más de una década el Señor nos ha enviado a numerosas ciudades y naciones a declarar el mensaje profético de Dios para estas. La historia de nuestro ministerio ha sido una y otra vez la de ir adelante y convocar al pueblo de Dios a la unidad, intercesión y guerra espiritual.

En este peregrinaje el Señor nos ha llevado a Asia, África, Europa y toda América y puedo decir que en la mayoría de las ocasiones que recuerdo, fuimos invitados para llevar a cabo el *primer* congreso, el *primer* seminario, la *primera* conferencia, el *primer* taller, etc., en los temas de intercesión, guerra espiritual, profecía, movimiento apostólico, entre otros. Como en todo nuevo proyecto, inicialmente hemos recibido poco apoyo, y en algunos casos severa oposición, del liderazgo establecido. Esto es de esperarse. Así siempre fue en la Biblia.

En ciudades como Cali, Panamá, Maracaibo, La Paz, Santo Domingo, y algunas otras, el liderato ha abrazado con gozo el mensaje de Dios. Como resultado, se han comenzado procesos de transformación en estas comunidades que ya son notorios en todo el mundo. Esto me hace recordar la historia de Nínive y su receptividad al mensaje del profeta Jonás que provocó el perdón de Dios sobre el juicio ya decretado debido al arrepentimiento, la intercesión y el ayuno de los moradores de la ciudad.

Por otro lado, en ciudades como Medellín, México, Caracas, Asunción, Lima, Miami, entre otras, la receptividad no ha sido la misma. En estos lugares, con excepción de Medellín, todavía están lejos de experimentar una visitación de Dios, aunque esto ya está comenzando a cambiar. Pero es bueno recordar la caída de Jerusalén en manos de sus enemigos debido a su abierta oposición a los profetas.

En ciudades norteamericanas como Toronto, Nueva York, Boston, Reno, Dios nos ha usado a través de la iglesia hispanoparlante para comenzar un proceso de transformación y para establecer una visión del señorío de Dios en ellas.

Comunidades y naciones enteras están experimentando una visitación de Dios y, en consecuencia, han comenzado su proceso de transformación. Esto produce en el individuo o en la comunidad un realineamiento de las fuerzas, tanto políticas como religiosas. Dirige nuestro esfuerzo para alcanzar una meta y, por otro lado, se da la confrontación con las fuerzas opuestas. Cuando se llega a esto, la Iglesia está llamada a tomar posición de ataque y a no dejarse intimidar por sus adversarios. Cuando la Iglesia, en la confianza de su mediador y abogado, resiste los ataques pronto experimenta la liberación por la mano de Dios.

La Iglesia en Colombia es un perfecto ejemplo de esto. Actualmente en este bello país se están viviendo días difíciles a consecuencia de una gran oposición de fuerzas manejadas por potestades de tinieblas para contrarrestar la visitación de Dios. La palabra de ánimo y esperanza es que la historia demuestra que la adversidad y la persecución producen un increíble crecimiento.

Los tiempos en que vivimos retan a la iglesia no solo a retener lo que tiene, sino a tomar posesión de lo que no tiene. ¡Llegó el momento de reclamar la tierra que Dios nos ha dado! Y para esto, es necesario prestar oído a los profetas.

> *Creed en Jehová vuestro Dios y estaréis seguros; creed a sus profetas, y seréis prosperados.*
>
> 2 Crónicas 20.20b

El mundo inconverso está clamando por una voz profética para los tiempos en que vive y como no la encuentran en las iglesias, corren a los que practican el ocultismo, la parasicología y la adivinación. Tenemos que realinear nuestras vidas y nuestros ministerios al fluir del río de Dios. La orden de Dios a su iglesia es entrar en batalla con una promesa de victoria y no de derrota. No es tiempo de negociación para acordar los términos de paz. El Dios de paz ya ganó la guerra en la cruz y promete aplastar a sus adversarios.

8

El apóstol
en los últimos tiempos

*Mis estudios sobre iglecrecimiento me han llevado a la
inexorable conclusión de que el segmento de más rápido
crecimiento en el cristianismo durante la década del 1990 en
cinco continentes es el que ha llegado a ser reconocido como el
«Movimiento Postdenominacional». Inherente a las
iglesias postdenominacionales se halla una estructura
comúnmente conocida como «La Red Apostólica», en la cual
tanto el don como el oficio del apóstol son reconocidos
y aceptados.*
Dr. C. Peter Wagner[1]

Por muchos años el ministerio del apóstol había sido
ignorado por la iglesia. Actualmente vemos cómo
Dios está levantando en el mundo entero una nueva
generación de líderes que son reconocidos por sus dones y llamados a ser apóstoles de la iglesia. Estos tienen
una comisión y un compromiso con su encomienda y al
igual que el apóstol Pablo pueden decir: «No fui rebelde
a la visión celestial» (Hechos 26.19)

---

1 *Cannistracci, Apostles and the Emerging Apostolic Movement* [Los apóstoles
y el creciente movimiento apostólico], Renew Books, 1996, p.12 (del
original en inglés).

Definitivamente creo que David Cannistraci lo dice mejor que nadie: «Yo no creo que los apóstoles son más importantes que cualquiera de los otros ministerios como los pastores o maestros, pero creo que son de igual importancia. Aún más, sin la restauración del ministerio de apóstoles los demás ministerios están incompletos. Estamos en el tiempo preciso para nuevamente darles el sitio correspondiente con los demás dones esenciales que Cristo dio a su Iglesia».[2]

Para comprender el significado del ministerio apostólico es necesario que primero entendamos el significado de la palabra apóstol. En el pasado, muchos han considerado el don como igual a *misionero*. Este último se deriva del latín *missionarius* y se define como un enviado para hacer una obra religiosa en una cultura ajena a la propia y su significado es diferente al del texto griego.

El Dr. Wagner define la labor del *misionero* como «la capacidad especial que Dios da a ciertos miembros del cuerpo de Cristo para ministrar a una segunda cultura cualquier otro don espiritual que puedan tener».[3] Así mismo, hace hincapié en la diferencia de ministerios entre los apóstoles Pedro y Pablo. Pedro, como apóstol a los judíos, no cruzó culturas mientras que Pablo fue llamado a ir gentiles por lo que era no solo apóstol sino también misionero.

El término griego traducido apóstol es *apostolos* y su raíz es traducida como alguien que es *enviado* de un lugar a otro para realizar una tarea específica. En tiempos

2 Ibid, p.19.
3 C. Peter Wagner, Terremoto en la Iglesia, Caribe/Betania Editores, Miami, FL, 2000, p.109.

antiguos se usaba para describir a un oficial de marina, generalmente un almirante o un individuo responsable por una flotilla de barcos. Se usaba también para referirse a un *emisario* o un *embajador*. Cuando los barcos zarpaban para establecer una nueva colonia se llamaba apóstoles al almirante y su tripulación.

Los apóstoles son los delegados para una misión. Representan a sus comandantes y ejecutan sus órdenes. Las palabras *apostolos* y *apostellos* significan literalmente *mensajeros* o *enviados*. El término apóstol aparece setenta y nueve veces en el Nuevo Testamento y de éstas, veintiocho en el libro de los Hechos y treinta y ocho en las otras epístolas. En algunas ocasiones ha sido interpretado como *mensajero*.

> *En cuanto a Tito, es mi compañero y colaborador para con vosotros; y en cuanto a nuestros hermanos, son **mensajeros** de las iglesias, y gloria de Cristo.*
>
> 2 Corintios 8.23

> *Mas tuve por necesario enviaros a Epafrodito, mi hermano y colaborador y compañero de milicia, vuestro **mensajero** y ministrador de mis necesidades.*
>
> Filipenses 2.25

En la *Biblia Plenitud* se define *apostolos* como «un mensajero especial, un delegado, uno comisionado para una tarea o una función específica, uno que es enviado con un mensaje. En el Nuevo Testamento, la palabra se refiere a los doce discípulos originales y a otros líderes prominentes».[4]

---

4 Biblia de Plenitud, Editorial Caribe, Miami, FL, 1994, p. 1496.

En Efesios 4.11-16 se nos dice que es uno de los dones dados para perfeccionar a los santos para la obra del ministerio y para la *edificación* del cuerpo de Cristo.

El Dr. C. Peter Wagner en su libro «Los dones espirituales y cómo pueden ayudar su iglesia» define el término así:

> El don de apóstol es la capacidad especial que Dios da a ciertos miembros del cuerpo de Cristo que les permite asumir y ejercer liderazgo sobre un número de iglesias con una autoridad extraordinaria en asuntos espirituales que es espontáneamente reconocida y apreciada por aquellas iglesias.

> El apóstol es la persona que Dios ha dado a los pastores y líderes de iglesia. Es la persona a quienes todos estos van a pedir consejo y ayuda. Es capaz de allanar enconos y traer la paz, encontrar la causa de lo que va mal, resolver los problemas. Puede hacer demandas que parecen autocráticas, pero que son aceptadas de buena gana por los cristianos, le reconocen su don y la autoridad que va con él. Tiene su visión bien enfocada y no se halla restringida por los problemas de una iglesia local.[5]

El ministerio apostólico es levantado por Dios para traer reformas. Primero da la revelación de lo perdido o escondido y luego se lanza a reformar lo que no ha estado funcionando. Los apóstoles son pioneros, abren la brecha para que las verdades de Dios puedan fluir libremente.

---

5 C. Peter Wagner, Sus dones espirituales pueden ayudar a crecer su iglesia, Libros CLIE, 1980, p. 206.

El apóstol John Eckhardt escribe en su libro *Moviéndonos en lo apostólico*: «Los apóstoles tienen unción para defender y confirmar la verdad. Caminan en denuedo para proclamar la verdad ante y a pesar de toda oposición y persecución. Esto es lo que Dios está restaurando a la iglesia. No permita que esto le confunda o sorprenda».[6]

Los apóstoles del Nuevo Testamento son los jueces del Antiguo Testamento. El deseo de Dios siempre ha sido gobernar y dirigir a su pueblo por medio de sus jueces. Dios da este don de juzgar y tomar decisiones conforme a la voluntad de Dios.

La palabra «juzgar» significa dar dirección, emitir veredictos. Así pues, Pablo juzga la condición espiritual de las iglesias en Corinto y en Éfeso y les da dirección para instituir las reformas necesarias.

El profeta Isaías declara:

Restauraré tus jueces como al principio, y tus consejeros como eran antes; entonces te llamarán Ciudad de justicia, Ciudad fiel. Sion será rescatada con juicio, y los convertidos de ella con justicia.

Isaías 1.26,27

Cuando en este pasaje se habla de jueces se refiere a los apóstoles, y cuando menciona a los consejeros entonces hace referencia a los profetas. Los apóstoles son los que se lanzan a un territorio desconocido o desolado para abrir el camino al mover de Dios. Los profetas son los precursores, es decir, los que anuncian y proclaman la dirección de los planes de Dios. Los

6 J. Eckhardt, Moviéndonos en lo apostólico, Eckhardt, 1999, p.83.

apóstoles, por su parte, son los pioneros que ponen por obra esta palabra.

> *Y a unos puso Dios en la iglesia, primeramente apóstoles, luego profetas, lo tercero maestros, luego los que hacen milagros, después los que sanan...*
>
> 1 Corintios 12.28

El ministerio apostólico es un ministerio pionero. Jesús, el apóstol Pablo y Martín Lutero fueron pioneros. El apóstol es el primero en pisar territorios nuevos, abren el camino para que otros continúen lo que Dios comienza. Son quienes revelan aquellas verdades que se han escondido o perdido y por esta razón son frecuentemente perseguidos y rechazados.

> *Porque según pienso, Dios nos ha exhibido a nosotros los apóstoles como postreros, como a sentenciados a muerte; pues hemos llegado a ser espectáculo al mundo, a los ángeles y a los hombres.*
>
> 1 Corintios 4.9

Los apóstoles son arquitectos espirituales pues establecen los fundamentos sobre los que Dios puede edificar su iglesia.

> *Conforme a la gracia de Dios que me ha sido dada, yo como perito arquitecto puse el fundamento, y otro edifica encima; pero cada uno mire cómo sobreedifica.*
>
> 1 Corintios 3.10

Debemos entender que la dimensión del llamado apostólico no debe considerarse con exagerada importancia.

Aunque la Biblia le da un lugar de prominencia, tanto el apostolado como los otros oficios ministeriales es dado a seres humanos imperfectos que no son infalibles. Es un hecho que ni los apóstoles ni el nuevo movimiento apostólico serán perfectos. Todo apóstol y toda fuente apostólica simplemente representa una fracción del Cuerpo de Cristo universal. El Cuerpo consiste de muchos miembros y todos hacen una importante aportación conforme a su dádiva para la edificación del mismo.

Si desea conocer más sobre el ministerio del apóstol, le recomiendo el libro del Dr. C. Peter Wagner, *Terremoto en la iglesia* (Caribe/Betania Editores, 2000).

Apóstoles en la iglesia

Por tanto hermanos santos, participantes del llamamiento celestial, considerad el apóstol y sumo sacerdote de nuestra profesión, Cristo Jesús.

Hebreos 3.1

En la persona de Jesucristo encontramos la plenitud de todos los ministerios. Como *enviado* de Dios, Jesús es el apóstol por excelencia. Al profeta, lo encontramos en Mateo 21.11; al evangelista en Mateo 4.23; al pastor en Juan 10.11, y al maestro en Mateo 23.8. Además, con la autoridad celestial, Jesús escogió a doce hombres, a quienes nombró discípulos y comisionó como apóstoles.

Y cuando era de día, llamó a sus discípulos, y escogió a doce de ellos, a los cuales también llamó apóstoles: a Simón, a quien también llamó Pedro, a Andrés su hermano, Jacobo y

Juan, Felipe y Bartolomé, Mateo, Tomás, Jacobo hijo de Alfeo, Simón llamado Zelote, Judas hermano de Jacobo, y Judas Iscariote, que llegó a ser el traidor.

Lucas 6.13-16

Estos se reconocen como los doce apóstoles del Cordero. Sin embargo, la Biblia también menciona a otros como apóstoles, entre ellos: Apolos (1 Corintios 4.6-9), Bernabé (Hechos 14.3-4,14), Epafrodito (Filipenses 2.25), Erasto (Hechos 19.22), Junias (quien era una mujer, Romanos 16.7), Matías (Hechos 1.26), Pablo (Romanos 11.13), Santiago o Jacobo (hermano de Jesús, Gálatas 1.19), Silas o Silvano (Hechos 15.22), Timoteo (1 Tesalonicenses 1.1; 2.6), Tito (2 Corintios 8.23) y otros, cuyos nombre no se mencionan y son *mensajeros* (*apostolos*, 2 Corintios 8.23).

¿Mujeres apóstoles?

Aunque creo que este es un punto controversial, simplemente deseo dar una opinión basada en el contexto y el patrón bíblico. No es mi intención elaborar en relación al ministerio y la autoridad de la mujer pues libros enteros se han escritos sobre este tema, algunos pro y otros en contra. Recomiendo el libro *Mujeres de Propósito* (Caribe/Betania Editores, 1999) escrito por Cindy Jacobs, pues presenta argumentos claros sobre este tema.

La cultura del pueblo judío y las condiciones sociales que prevalecían en los tiempos de Cristo, junto al sacerdocio aarónico no dieron lugar para que fueran nombradas mujeres como apóstoles. Con la muerte de Cristo, se restaura una forma gobierno en la Iglesia semejante al patrón de los jueces, en el que la mujer sí podía aspirar a posiciones de autoridad más altas.

> *Gobernaba en aquel tiempo a Israel una mujer, Débora, profetisa, mujer de Lapidot; y acostumbraba sentarse bajo la palmera de Débora, entre Ramá y Bet-el, en el monte de Efraín; y los hijos de Israel subían a ella a juicio.*
>
> Jueces 4.4-5

La *Biblia Plenitud* anota: «En *Débora* se ponen de manifiesto las posibilidades de cualquier mujer moderna que permita al Espíritu de Dios moldear y llenar su vida, a fin de desarrollar plenamente sus capacidades para transformar al mundo que le rodea».[7]

Razones históricas y bíblicas nos llevan a entender que la mujer puede tomar una posición gubernamental como apostólica en la iglesia.

Febe (Romanos 16.1) era reconocida por Pablo como *diaconisa* de la iglesia en Cencrea, y una ayudante (prostasis) a muchos. Como lo indica Patricia Gundry, *prostasis* es «una supervisora» lo que indica una posición de alta autoridad.[8]

Entre los padres neotestamentarios de la iglesia encontramos varios escritos que afirman la naturaleza femenina de Junias. De hecho, en todo comentario escrito sobre este texto esto es claramente reconocido. Aegidos de Roma en el siglo trece (1245-1316) fue el primero en decir que Junias era un derivado de Andrónico y por consiguiente un varón.

---

7 Biblia de Plenitud, Editorial Caribe, Miami, FL, 1994, p.302.
8 P. Gundry, Women Can Be Free [La mujer puede ser libre], Zondervan, 1977, p.102.

Juan Crisóstomo (337-407), obispo de Constantinopla, no era parcial hacia la mujer. Escribió negativamente sobre la mujer pero fue muy positivo en relación a Junia: «Oh, cuan grande es la devoción de esta mujer que pueda ser llamada digna del oficio de apóstol». Como tampoco fue el único de los padres de la Iglesia en creer que Junia era una mujer. Origen de Alejandría (185-253) dijo que su nombre era una variación de Julia; el Léxico de Thayer, Jerónimo (340-419), Hato de Vercelli (924-961), Theophylack (1058-1108) y Pedro Abelard (1079-1142), todos escribieron de Junia como una mujer».[9]

No podemos pasar por alto el hecho de que el apóstol Pablo, refiriéndose al carácter y estilo de vida de los apóstoles en su equipo de trabajo, los llama tiernos y afectuosos y los compara con una nodriza que cuida a sus hijos. Indudablemente, los conceptos femeninos no eran un obstáculo para identificar su ministerio y el de los apóstoles que le acompañaban. El hecho de que Jesús no escogiera mujeres fue ya dado; la lógica de su ausencia es similar a decir que ningún latinoamericano puede ser apóstol, profeta o cualquier otro ministerio porque la Biblia no lo menciona. Debemos tener cuidado en descartar algo simplemente porque la Biblia no lo mencione literalmente.

---

9 Charles Trombley, Who said Women Can't Teach? [¿Quién dijo que la mujer no puede enseñar?] Bridge Publishing, 1985, pp. 190-191. Tomado de Cannistracci, *Apostles and The Emerging Apostolic Movement* [Los apóstoles y el creciente movimiento apostólico], Renew Books, 1996, p.89.

Falsos apóstoles y profetas

Yo conozco tus obras, y tu arduo trabajo y paciencia; y que no puedes soportar a los malos, y has probado a los que se dicen ser apóstoles, y no lo son, y los has hallado mentirosos.

Apocalipsis 2.2

Amados, no creáis a todo espíritu, sino probad los espíritus si son de Dios; porque muchos falsos profetas han salido por el mundo.

1 Juan 4.1

Quienes insisten en negar los ministerios del apóstol y del profeta por el hecho de que la Biblia nos advierte sobre la existencia de falsos apóstoles y profetas no se dan cuenta que el simple hecho de que existan falsos implica que necesariamente tiene que haber verdaderos. No hay razón para que exista lo falso si lo verdadero no existe. Si se malinterpretan estos pasajes, entonces tendríamos que asumir que tampoco existen pastores, maestros, evangelistas ni aun Cristo pues la Biblia también habla de falsos pastores (Juan 10. 12-13), maestros (2 Pedro 2.1), evangelistas (Gálatas 1.9), hermanos (Gálatas 2.4), y aun falsos Cristos (Marcos 13.22).

«Debemos tener unidad, debemos retornar al poder de la iglesia primitiva si deseamos cumplir el mandato de la Gran Comisión. Para lograr estas prioridades, tenemos que ver el don apostólico restaurado y añadido a su lugar de prominencia e igualdad a los otros dones ministeriales».[10]

10 Cannistracci, Apostles and the Emerging Apostolic Movement [Los apóstoles y el creciente movimiento apostólico], Renew Books, 1996,

«Por consiguiente, nosotros los llamados a ser y que ahora somos apóstoles necesitamos concentrar nuestros esfuerzos en servir y ministrar a los santos, edificándolos y sosteniéndolos para ser el edificio que Dios desea. Recuerden, los apóstoles y profetas no son el techo ni la cúspide del edificio sino el fundamento o la base. No somos llamados para enseñorearnos sobre los hermanos ni sobre otros ministerios, sino a permanecer como el fundamento que sostiene a la iglesia».[11]

p.19.
11 Dr. Bill Hamon, Apostles, Prophets and the Coming Moves of God [Apóstoles, profetas y el mover venidero de Dios], Destiny Image Publishers, 1997, p.220.

9

Pioneros espirituales

Por John Echardt

El autor es reconocido como apóstol y experto en el tema por el liderato nacional de la iglesia. Supervisa y dirige el ministerio «Crusaders Ministries» en Chicago, Illinois, EE.UU. Viaja por todo el mundo enseñando las verdades bíblicas sobre la iglesia apostólica y profética y los ministerios del apóstol y del profeta. Es autor de 14 publicaciones y produce diariamente programas para radio y televisión.

Una de las características de los apóstoles es que son pioneros espirituales. Martín Lutero fue un pionero. El apóstol Pablo fue un pionero: abrió caminos nuevos. Los apóstoles son corredores fugaces: abren una senda para que otros continúen. Los apóstoles son los primeros en ir a un nuevo territorio y con frecuencia lanzan una nueva verdad. Por la simple razón de ir delante y llegar o decir primero seguramente será malinterpretado.

En consecuencia, los apóstoles frecuentemente son resistidos y perseguidos. Los pioneros generalmente son considerados raros y a veces hasta locos. Los apóstoles son atacados por causa de la verdad que ello predican y lo que presentan parece todo nuevo a la iglesia.

A unos puso Dios en la iglesia, primero apóstoles, en segundo lugar profetas, en tercer lugar maestros; después los que hacen milagros, después los dones de sanidades, los que ayudan, los que administran, los que tienen diversidad de lenguas.

1 Corintios 12.28

Porque considero que a nosotros los apóstoles, Dios nos ha exhibido en último lugar, como a condenados a muerte; porque hemos llegado a ser espectáculo para el mundo, para los ángeles y para los hombres.

1 Corintios 4.9

Aunque los apóstoles fueron colocados primeros en la iglesia, generalmente son tratados como últimos. La palabra griega que se traduce «primero» es *proton*, que quiere decir primero en tiempo, lugar, orden o importancia. También significa, al principio, principal, primero de todo y anterior. Uno que traza sendas es uno que descubre un camino; especialmente uno que explora regiones no conocidas para abrir una nueva ruta. Los pioneros son los primeros que entran a una región. Esto aplica tanto a términos geográficos como del conocimiento.

Los pioneros dejan una herencia para que otros continúen. Dejan un legado espiritual para los que vienen detrás de ellos. Son precursores espirituales. Este ministerio precede y abre el camino para otros. Los primeros apóstoles dejaron un legado espiritual para que la iglesia continúe su obra. Todos nosotros tenemos herencia en el legado espiritual de los primeros apóstoles.

La unción apostólica es capaz de penetrar nuevas áreas y regiones y hacer clara la senda para que otros sigan. Los apóstoles deben ser capaces de avanzar a través de la oposición espiritual que intenta bloquear la gestión de trazar sendas claras en el espíritu. Ser pionero significa originar o tomar parte en el desarrollo de algo nuevo.

Arquitectos espirituales - Peritos Constructores

Conforme a la gracia de Dios que me ha sido dada, como perito arquitecto he puesto el fundamento, y otro está edificando encima. Pero cada uno mire cómo edifica encima.

1 Corintios 3.10

La expresión «perito constructor» alude a un arquitecto. Un arquitecto es uno que diseña edificios y supervisa su construcción. A los apóstoles les concierne diseñar, estructurar y formar. Cuando hay una reforma, se debe rediseñar y reestructurar la iglesia. Las estructuras son construidas después de ser diseñadas. Esto se aplica tanto en lo natural como en lo espiritual.

Al comenzar una estructura lo primero que se coloca es el fundamento. Por lo tanto, los apóstoles ponen los fundamentos y son el sostén de la estructura. La iglesia es una estructura espiritual. La iglesia es prefigurada como el edificio de Dios. Edificar significa construir. De aquí nuestra palabra edificio.

Si no estamos construyendo la iglesia conforme al modelo del Señor, los apóstoles discernirán y lo sabrán. Ellos conocerán cuando las cosas están fuera de orden. Así como los arquitectos advierten cuando los constructores se han salido del diseño original, así también los apóstoles conocen cuando la iglesia se ha apartado del plan original de Dios. Después que los fundamentos han sido puestos, los apóstoles supervisarán cómo se está construyendo el edificio espiritual.

El fundamento de la reforma bajo Martín Lutero fue la doctrina de la justificación de la fe. Lutero recibió y empezó a predicar que los creyentes son justificados por la fe y no por las obras. La iglesia tuvo que ser reconstruida sobre este fundamento doctrinal. Sin embargo, junto con la predicación y la enseñanza de la doctrina de la salvación por la fe, los predicadores tuvieron que ser capacitados y entrenados. Por lo mismo, las iglesias tuvieron que ser organizadas y gobernadas bajo otro esquema. Entonces, no es suficiente colocar el fundamento. Después de puesto el fundamento, el edificio debe ser construido encima.

Muchos de los seguidores de Lutero no han tenido la sabiduría para edificar sobre el fundamento de la fe. Lutero tuvo que corregir y aun disociarse de algunos que habían tomado un rumbo equivocado con la reforma. Esto no significa que Lutero haya estado correcto en toda su teología, pero la unción apostólica sobre su vida le dio una visión para edificar la iglesia después que el fundamento fue puesto.

Cuando la iglesia es reformada, surgen aquellos que tienen la unción para gobernarla. La palabra dirigentes encontrada en 1 Corintios 12.28 viene del vocablo griego *kubernesis* que significa conducir o pilotar. La capacidad para conducir a la iglesia por su curso correcto es otorgada a la iglesia a través de la unción de gobierno. Sin esta unción aquellos que presiden la iglesia la conducirán fuera del curso correcto. Los apóstoles deben cuidar la iglesia de todo viento de doctrina del error. Los que gobiernan son necesarios para cuidar que la iglesia se encamine por la pista de la verdadera reforma.

Fronteras espirituales

Una frontera es un campo nuevo para desarrollar una actividad; el margen de una región colonizada o territorio desarrollado. Nosotros llamamos a esto vivir a la salida del puente. Las personas fronterizas viven, obviamente, en la frontera. Están en la primera línea. La unción apostólica mantendrá a la Iglesia a la salida del puente. Los apóstoles son hombres de la frontera espiritual. Ellos viven y ministran en la frontera. Así como hay fronteras naturales también hay fronteras espirituales.

Con frecuencia la frontera está en un lugar específico y el Señor continúa enviando apóstoles para expandir los límites. Ellos son enviados hacia nuevas regiones tanto geográfica como espiritualmente. Al expandir los horizontes espirituales, nos liberan de las limitaciones espirituales y de la tradición de la experiencia pasada.

Hay una canción —la cantamos en nuestra iglesia— escrita por un buen amigo, Kevin Leal. El coro dice:

> Abriendo lugares en el espíritu
> donde los hombres nunca han estado,
> Abriendo lugares en el espíritu
> así Él puede venir otra vez,
> Abriendo lugares en el espíritu
> que permitan a los hombres avanzar,
> Abriendo lugares en el espíritu
> para conmoverte a ti, ¡a ti!

Hay nuevos lugares por ser abiertos donde los santos nunca han ido. Se precisa tomar la unción que abra estos lugares para que otros la sigan y entren en ellos. Hay individuos e iglesias que al moverse en la unción apostólica abrirán nuevas regiones y nuevas fronteras para que los hombres puedan entrar y experimentar la plenitud de Dios.

Esto concuerda con el hecho que la unción apostólica es una unción pionera. Los pioneros son los primeros (*proton*) que van a un nuevo lugar con una nueva verdad. Al ser ellos los primeros, se ubican en un lugar especial e importante. Aquellos que dejan un legado espiritual tendrán siempre un lugar especial para quienes le siguen. En adición, la palabra último viene de la griega *eschatos* que significa «lo más bajo». Como resultado de que este ministerio hace mucho daño al reino de Satanás, es el más perseguido y atacado por el enemigo.

Pablo dice que este ministerio ha sido «hecho un espectáculo». El término griego que traduce espectáculo es *theatron*, del cual deriva nuestra palabra teatro. Esto significa que el ministerio apostólico está sobre un escenario que el mundo, la iglesia y los ángeles desean ver. Sin embargo, los apóstoles son tratados frecuentemente como la escoria de la tierra.

Hasta la hora presente sufrimos hambre y sed, nos falta ropa, andamos heridos de golpes y sin dónde morar. Nos fatigamos trabajando con nuestras propias manos. Cuando somos insultados, bendecimos; cuando somos perseguidos, lo soportamos; cuando somos difamados, procuramos ser amistosos. Hemos venido a ser hasta ahora como el desperdicio del mundo, el desecho de todos.

1 Corintios 4.11-13

Según esta descripción del ministerio apostólico hecha por el propio Pablo, los apóstoles son golpeados, humillados y desacreditados. De esta manera reacciona mucha gente frente a la unción de un apóstol.

Además, la palabra «desperdicio» significa desecho. En otras palabras, los apóstoles muchas veces son tratados como sobras. ¿Por qué un ministerio que el Señor dice que es el primero, con frecuencia es tratado como último?

La respuesta es que los apóstoles son precursores y pioneros en el espíritu. Los precursores y pioneros son casi siempre mal entendidos y maltratados. No es tan sencillo abrir nuevos caminos. Cuando usted estudia la vida de los reformadores apostólicos descubre que fueron aborrecidos y maltratados por el sistema religioso de sus días. Cualquier ministerio que cause estragos al reino de Satanás puede dar por hecho que será atacado.

Debido a la falta de conocimiento que la iglesia ha tenido en relación al ministerio del apóstol en muchas ocasiones se ha opuesto al mismo.

Gracia apostólica

Una parte de la gracia dada a los apóstoles es la habilidad de resistir la persecución y oposición que viene contra este oficio. Sería una locura ejercerlo sin la gracia necesaria.

Cualquiera que entiende la intensa persecución que viene contra los apóstoles nunca se atrevería a usar el título o ejercer el oficio de apóstol sin la firme convicción de estar llamado y ungido para hacerlo. La gracia provee la habilidad de caminar y ejercer cualquier oficio a pesar de la incomprensión y la persecución.

Como precursores y pioneros, los apóstoles con frecuencia serán rechazados, malentendidos y perseguidos. Pero la gracia y el fluir que está sobre ellos les hará exitosos en su misión.

Y la palabra del Señor se difundía por toda aquella provincia.
Hechos 13.49

Para que anunciemos el evangelio en los lugares más allá de vosotros, sin entrar en territorio ajeno como para gloriarnos de la obra ya realizada por otros.
2 Corintios 10.16

Algunos tal vez digan que en su ciudad ya tienen suficientes iglesias, que solo necesitan revivir las que ya existen. Pero muchas de las que existen no recibirán el avivamiento y con frecuencia lucharán en contra de la ola fresca del Espíritu Santo. En la actualidad muchas iglesias en nuestras comunidades son ineficaces. Por esta razón no pongo atención al número de iglesias en un área determinada, sino al número de iglesias que tienen impacto. Por lo general, este número es muy bajo o casi nulo. ¡El ministerio apostólico es necesario para plantar iglesias efectivas y poderosas que tengan impacto en la comunidad y el mundo!

Antes que una región se abra al evangelio, el hombre fuerte debe ser atado primero. Este hombre fuerte es un príncipe demoníaco que gobierna sobre una cierta área geográfica. En una región hay mucha gente «buena» que está bajo la influencia y el control de este espíritu reinante quien los mantiene lejos de la verdad. Los apóstoles van y penetran nuevas regiones a través de la resistencia espiritual y atan al hombre fuerte de una determinada región.

El hombre fuerte es atado a través de la predicación y enseñanza del apóstol. Luego, los apóstoles establecen nuevas iglesias, nuevas verdades y nueva revelación en estas áreas. Aún en zonas donde ya existen iglesias un apóstol puede llegar y establecer nuevas verdades. En muchas ocasiones, los hombres fuertes en estas áreas son espíritus de religión y tradición.

El sábado siguiente se reunió casi toda la ciudad para oír la palabra de Dios.

Hechos 13.44

Además de haber apóstoles que abren regiones a la palabra de Dios, existen otros que afectan ciudades. Recuerde, algunos son llamados para las naciones, otros para las regiones y otros para las ciudades. Aquellos que son llamados para ciertas ciudades serán comisionados para establecer la verdad en esa ciudad. Esto no quiere decir que cada iglesia en cada ciudad está bajo la autoridad de un apóstol. El apóstol solo tiene autoridad en el lugar donde él ministra o es recibido para ministrar.

Sin embargo, cuando el Señor levanta apóstoles estos se convierten en una voz poderosa en las ciudades a las que son enviados. Ellos ayudan a cambiar el clima de la ciudad. El resultado será que la gente estará más receptiva para escuchar la palabra de Dios.

Sembradores de iglesias

Yo planté, Apolos regó; pero Dios dio el crecimiento.

1 Corintios 3.6

Los apóstoles son sembradores. Los plantadores establecen iglesias y doctrina. Donde no hay crecimiento, hay necesidad de plantar. Pablo fue un sembrador. Él iba a nuevas áreas como un pionero y plantaba nuevas iglesias.

El plantar es importante para reponer. Cuando unas iglesias mueren, otras nuevas deben ser plantadas. Hay muchas iglesias que una vez tuvieron el fuego de Dios pero que actualmente están muriendo. Esto puede ser el resultado de la tradición o porque la forma o contenido de la adoración ya no impacta a la presente generación. Usted no puede cantar las canciones de 1850 a una generación del siglo XXI. Muchas denominaciones que nacieron años atrás han perdido su impacto en la nueva generación. El Señor levanta apóstoles para plantar nuevas obras y para alcanzar a las nuevas generaciones.

10

La guerra espiritual y el ministerio apostólico

Por: John Eckhardt

Las armas de nuestra milicia no son carnales, sino poderosas en Dios para la destrucción de fortalezas. Destruimos los argumentos y toda altivez que se levanta contra el conocimiento de Dios; llevamos cautivo todo pensamiento a la obediencia de Cristo.

2 Corintios 10.4-5

Muchos cristianos están familiarizados con estos versículos de 2 Corintios y algunos los están practicando activamente. Otros, lamentan su ineficacia cuando ven resultados que otros tienen en el área de la guerra espiritual. ¿Por qué sucede esto? Esta comisión dada a la iglesia nos exige invadir territorios nuevos y hostiles. Los poderes de las tinieblas que han gobernado por siglos estas regiones no las entregarán sin una pelea frontal. Deben ser confrontados, sometidos y echados fuera. Esto exige una guerra.

Muchos en la iglesia no entienden la importancia que se le da hoy día a la guerra espiritual. Algunos hasta se oponen a este pensamiento. Pero a pesar de esta oposición

—que muchas veces puede entenderse— estamos viendo un énfasis creciente en la oración de guerra.

El Dr. C. Peter Wagner de Global Harvest Ministries (Ministerios de la Cosecha Global) en Colorado, ha escrito unos excelentes libros sobre oración de guerra bajo una serie denominada «Guerreros de Oración» publicada por Caribe-Betania Editores. De igual forma, Héctor Torres, autor de este libro, ha escrito otros tantos sobre el particular también bajo la edición de Caribe-Betania. Recomiendo altamente estos libros a cada pastor e intercesor que quiere un mejor entendimiento de esta importante materia.

La guerra espiritual no es nada nuevo. La Biblia está llena de guerra. Los apóstoles y el pueblo apostólico serán un pueblo de guerra espiritual, sea que ellos usen el término o no.

Destrucción de fortalezas

En 2 Corintios 10.4, «guerra» es la traducción de la palabra griega *strateia*, que significa apostolado, servicio militar (en lo que hay privación y peligro). Está relacionada con la palabra griega *strateunomai*, cuyo significado es ejecutar el apostolado —con sus arduos deberes y funciones— y contender con pensamientos carnales. Lo que Pablo decía era que las armas de su ministerio apostólico eran poderosas para derribar fortalezas enemigas.

Estoy convencido que hay ciertas fortalezas que no pueden ser destruidas sin la unción apostólica. «Fortalezas» en griego es *ochuroma*, que significa un fuerte, un castillo, un palacio fortificado. Satán y sus demonios se han fortificado en sí mismos desde que invadieron la tierra. Ellos han erigido fortalezas y se han atrincherado en cada región del mundo para resistir el avance del reino de Dios. Estas fortalezas deben ser atacadas si queremos cumplir con la Gran Comisión. Los apóstoles tienen la capacidad para hacer esto.

El apóstol Pablo relaciona estas fortalezas con «imaginaciones». En el griego tenemos la palabra *logismos*, que significa razonamiento, pensamiento, computación o lógica. Implica la idea de sostener algo cerradamente. Esto es sencillamente la manera en la que piensa una persona basándose en su propia vida, tradición, experiencia o enseñanza pasada. Desafortunadamente, muchos de estos pensamientos están en contra del conocimiento de Dios.

Las fortalezas son también levantadas por una influencia demoníaca. Hay una sabiduría que es terrenal, sensual y diabólica (véase Santiago 3.15). *Logismos* también puede traducirse como «argumentos». Las fortalezas son las mentes predispuestas de las personas en un territorio particular. Estas mentes predispuestas son lugares fortificados que nos alejan de la verdad y se sostienen con mentiras.

Los no creyentes tienen mentes cerradas que les impiden recibir la verdad del evangelio. La guerra espiritual implica eliminar estos pensamientos hasta que el individuo pueda recibir y caminar en la verdad.

El Dr. Clarence Walker define una fortaleza enemiga como un argumento, raciocinio, opinión, idea o filosofía estructurada que resiste al conocimiento de Jesucristo. La traducción de la *Twentieth Century New Testament* (Nuevo Testamento del Siglo XX) dice: «Nosotros estamos ocupados en refutar argumentos y derribar cada barrera levantada contra el conocimiento de Dios». Las fortalezas hacen dos cosas:

- *Alejan al pueblo del conocimiento de Dios*
- *Impiden la obediencia a la verdad*

En cualquiera de los casos, el resultado final es la ignorancia y la rebelión.

Cuando se habla de «mentes cerradas» se refiere a una mente que ya está formada sobre un conjunto de creencias y por lo tanto se resiste al cambio; son mentes fijas y rígidas. Mucha gente que dice tener mente abierta en realidad no la tienen. Por el contrario, la tienen endurecida a la verdad y a la revelación. Tienen criterios fijos que han sido procesados y desarrollados en base a una misma manera de pensar que data de siglos. Es una combinación de experiencias y pensamientos inculcados por los ancestros.

Este tipo de mente no es fácil de cambiar. Se necesita una fuerte unción para atravesar las barreras defensivas y sobreponerse al orgullo asociado con ella. Muchas personas viven orgullosas de su forma de pensamiento, aun cuando puedan estar equivocadas. Nadie quiere admitir que está errado, particularmente cuando sus antepasados han pensado de cierta manera sobre determinado principio. La humildad debe preceder al arrepentimiento, pero el orgullo opondrá una pelea.

Estas fortalezas son tan difíciles de derribar que son como fuertes. Un fuerte es una ciudadela, un castillo, una torre, un salvaguarda. Nosotros tenemos un dicho que dice: «Salva el fuerte», que significa defender y mantener el *status quo*. Esto aplica también a esto. Mucha gente se mantendrá firme en su manera de pensar antes de siquiera considerar un cambio. Defenderán su punto de vista con argumentos y debates y hasta contradirán y blasfemarán si es necesario.

El comunismo corresponde a una mente cerrada; es una ideología y filosofía de vida. El materialismo es una mente cerrada porque basa la felicidad en el éxito. El Islam y el hinduismo son mentes cerradas cerradas. Estas filosofías controlan la mente de innumerables personas; son poderosas fortalezas que solo pueden ser derribadas con la predicación y la enseñanza apostólica.

Las fortalezas son el principal estorbo para el avance de la iglesia y tratar con esto es tarea de los apóstoles. La predicación, enseñanza y sobre todo el pueblo con ministerio apostólico son armas poderosas para derribar estas fortalezas. La alabanza, la adoración y la oración son también armas efectivas. Lo primero que Jesús dio a los doce discípulos cuando los envió fue poder sobre demonios (véase Mateo 10.1).

La iglesia debe tener la capacidad de criticar y derribar estas fortalezas. El ministerio apostólico tiene el poder y autoridad para hacer esto. El apóstol, por la naturaleza de su ministerio, tiene una gracia y una capacidad sobrenatural para refutar, desaprobar, desacreditar y desenmascarar estas filosofías. El arrepentimiento no tendrá lugar a menos que haya un cambio de mentalidad. A esta clase de guerra es la que se refiere el apóstol Pablo en 2 Corintios 10.3-5 cuando habla de refutar argumentos y llevar cautivas filosofías contrarias a la verdad.

Espíritus griegos

El mundo griego en el que ministraron los primeros apóstoles estuvo lleno de estas filosofías. Los griegos amaban la sabiduría y buscaron conocimiento al punto de desarrollar una mente idólatra. En otras palabras, ellos adoraron el conocimiento. Fueron los guardianes de Aristóteles y Platón y otros muchos filósofos. Siempre tenían fuertes opiniones y defendían sus puntos de vista. Amaban el debate y el razonamiento. En este tipo de mundo nació la Iglesia. Sin la gracia de Dios habría sido imposible para la Iglesia tener éxito en su misión. La gracia y la unción apostólica le dieron a la iglesia primitiva la capacidad para desafiar y triunfar sobre estas fortalezas.

Hoy día, nosotros encontramos estos mismos espíritus sobre muchos planteles universitarios. Hay fortalezas de intelectualismo y racionalismo. No es coincidencia que a veces a los miembros de fraternidades se les llame «griegos».

En una ocasión, cuando caminaba por una villa universitaria, el Espíritu del Señor atrajo mi atención a las casas de fraternidad en el plantel. Cuando observé que las letras griegas identificaban las diferentes fraternidades, la frase «espíritus griegos» vino a mi espíritu. Luego, cuando meditaba sobre lo que el Santo Espíritu me quería mostrar, comencé a entender la clase de espíritus que los primeros apóstoles encontraron en sus días.

En aquellos tiempos, el mundo estaba políticamente controlado por los romanos, pero influenciado culturalmente por los griegos. La filosofía fue una de las mayores fortalezas enemigas. Los espíritus de intelectualismo y racionalismo impidieron que muchos creyeran que Cristo había resucitado de la muerte. En nuestros días, los planteles universitarios están llenos de esta clase de espíritus.

Los espíritus de intelectualismo, racionalismo, orgullo, debate y de mente idolátrica gobiernan muchos sistemas de educación. Estos son los mismos tipos de espíritus griegos que los primeros apóstoles confrontaron. De la misma manera que ellos fueron capaces de quebrar los argumentos de la filosofía pagana, así debemos hacerlo nosotros.

La *New English Bible* dice: «Nosotros derribamos sofismas y toda cabeza orgullosa que se levanta contra el conocimiento de Dios» (2 Corintios 10.5). Los sofistas fueron filósofos griegos que se especializaron en la retórica y la dialéctica. Ellos fueron filósofos profesionales y calificados maestros que elaboraban complicados argumentos. Hoy día, el sofisma es definido como un argumento plausible pero falaz. En otras palabras, es engañoso y en la raíz de toda filosofía engañosa está el diablo mismo.

Los judíos buscaban señales y los griegos buscaban sabiduría (véase 1 Corintios 1.22). Sin embargo, no buscaban la sabiduría de Dios, sino filosofía. Muchos vieron el cristianismo como otra filosofía abierta al debate. La traducción Phillips llama al tipo de sabiduría que buscaron los griegos «una panacea intelectual». Ellos vieron en la filosofía y en la educación una solución para todos sus problemas. «Pero nosotros predicamos a Cristo crucificado, para los judíos ciertamente tropezadero, y para los gentiles locura» (1 Corintios 1.23). Los griegos consideraron la predicación de la cruz como algo sin sentido.

A este mundo griego, filosófico y pagano es al que la Iglesia está llamada a alcanzar. La Iglesia tuvo la unción que fue capaz de derribar estas fortalezas. En la raíz de la filosofía griega estuvo el orgullo. Los griegos fueron orgullosos de su herencia filosófica y argumentaron con fuerza cuando fueron confrontados con la verdad del evangelio. El ministerio apostólico confunde las filosofías humanas. Es un ministerio de poder que quebranta los argumentos que Satanás ha puesto en la mente de los hombres.

Dios usó al apóstol para ridiculizar la sabiduría de este mundo (véase 1 Corintios 1.20). Hoy día necesitamos esta misma clase de ministerio para confrontar los argumentos que nuestro mundo moderno levanta en contra de la verdad.

Aunque los argumentos pueden haber cambiado, la influencia demoníaca detrás de ellos es la misma. Nosotros estamos tratando con antiguos principados que deben ser atados y expulsados a través del ministerio apostólico. Estos son argumentos obstinados que se niegan a salir. Ellos solo pueden ser destruidos a través del ministerio apostólico; una unción que confunde la sabiduría de este mundo y libera la sabiduría de Dios.

La Iglesia necesita una gracia apostólica para refutar los argumentos que la gente del siglo XXI usa para rechazar el evangelio. Milagros, sanidades, señales y maravillas ayudan a tumbar estas fortalezas. Ante la dificultad para explicar estos hechos, se verán obligados a repensar sus posiciones y a mirar la verdad cara a cara. El resultado: ¡Nadie podrá argumentar ante el poder de Dios!

Los apóstoles ministran, no con palabras persuasivas de humana sabiduría, sino con demostración del Espíritu y de poder.

Esta es otra razón por la que la iglesia debe ser apostólica. Sin esta dimensión, no tendremos la capacidad para destruir estas fortalezas. Nosotros no estamos tratando con puntos de vista sino con cosmovisiones. Se trata grupos enteros de gente que piensan de una manera determinada.

Sin la unción apostólica, ¿cómo podremos tener éxito contra estas inquietas cosmovisiones? ¿Cómo podemos librar a la gente de sus mentes cerradas y salvarlos de la eterna condenación?

El manto del apóstol

Según el Dr. Paule A. Price, en *Gods Apostle Revived* [El apóstol de Dios restaurado], el manto del apóstol incluye la guerra estratégica y el gobierno[1]. Como mencioné anteriormente, el vocablo griego *strateia* significa servicio militar o carrera apostólica. El término pariente *strateunomai* quiere decir servir en una campaña militar, ejecutar el apostolado. Esta definición griega habla de armamentos, tropas y batallas ordenadas. Según el Dr. Price, el apóstol sale a la superficie como «guerrero, un estratega, un capitán competente, y un guarda eficaz sobre su jurisdicción».

Su rango sobrenatural en el *stratos* lo hace un formidable combatiente en el campo espiritual y ante las fuerzas celestiales.

> *Ciertamente llevó él nuestras enfermedades, y sufrió nuestros dolores; y nosotros le tuvimos por azotado, por herido de Dios y abatido.*
>
> Isaías 53.4

---

1 Paule A. Price, *Gods Apostle Revived* [El apóstol de Dios restaurado], Everlasting Life Publications, Planifield, New Jersey, 1994.

Aunque cada creyente tiene un rango de autoridad para echar demonios, los apóstoles caminan y ministran en el más alto rango. Los malos espíritus y ángeles reconocen esta autoridad. Los apóstoles son los comandantes espirituales de la Iglesia. La Iglesia necesita un liderazgo apostólico para colocarla en orden. Estos organizan y movilizan a los creyentes como un ejército.

Los apóstoles son los estandartes titulares. Son comandos que levantan el nivel y la carrera del ejército de Dios (véase Isaías 59.19). Una iglesia apostólica provoca temor al reino de las tinieblas. Los apóstoles, como generales y comandantes, tienen la habilidad de movilizar a los santos para la guerra.

Los apóstoles reponen al pueblo de Dios. Reponer es poner orden otra vez, convocar y reorganizar de nuevo. Esta es la capacidad de juntar al pueblo para la acción. Los apóstoles están investidos con el rango y la autoridad para hacer esto. Ellos son líderes con la gracia, el carisma y la sabiduría necesaria para conducir a la iglesia.

El ministerio apostólico es un ministerio de guerra. Esto implica comando, movilización, reposición y convocatoria al ejército de Dios para desafiar y derribar las fortalezas del enemigo. Tiene la capacidad de ir primero e invadir nuevos territorios. Es el primero que encuentra resistencia de los poderes de las tinieblas y el primero en penetrar las barreras que se han levantado. Este ministerio es absolutamente necesario para mantener a la Iglesia avanzando hacia el cumplimiento de la Gran Comisión.

El ave rapaz

Que anuncio lo por venir desde el principio, y desde la antigüedad lo que aún no era hecho; que digo: Mi consejo permanecerá, y haré todo lo que quiero; que llamo desde el oriente al ave, y de tierra lejana al varón de mi consejo. Yo hablé, y lo haré venir; lo he pensado, y también lo haré.

Isaías 46.10,11

Dios tiene para todos nosotros un plan y él lo cumplirá conforme ha sido declarado por los apóstoles. Nada prevalecerá en contra del cumplimiento de su buen querer; su consejo permanecerá. Usted y yo tenemos la gloriosa oportunidad de ser parte de este plan. Tan pronto descubrimos este plan, nos alineamos con su voluntad y estamos trabajando junto con Dios.

Dios llama al ave rapaz para ejecutar su propósito. Este es un símbolo profético del ministerio apostólico. El ave rapaz es la palabra hebrea *ayit,* que se traduce halcón. También significa «caer sobre». El halcón es un símbolo de guerra y representa el aspecto militar del manto del apóstol.

Una definición más contemporánea del halcón es «uno que demuestra una actividad agresiva o actitud de combate». Es una persona que apoya a la fuerza militar o interviene para provocar un cambio de política. Esto también simboliza al ministerio apostólico.

La iglesia tiene una política foránea. Estamos comisionados a ir hacia el mundo y predicar el evangelio. Debemos tener una actitud agresiva y belicosa contra las fuerzas de las tinieblas que intentarán detenernos.

El halcón representa agudeza, visión penetrante y agilidad; discernimiento y perspicacia en los planes de

Dios. El halcón es un ave veloz que de repente se apodera de la presa; es voraz o desea la recompensa. Tener esta actitud es muchas veces indispensable para ejecutar los planes de Dios.

Como oficial en la iglesia, el apóstol es también un ejecutivo y obra con poder en medio de ella. En otras palabras, él tiene la autoridad para ejecutar los planes y propósitos de Dios. Ejecutar significa poner en efecto, realizar, demostrar, cumplir y terminar. Por lo tanto, el propósito de Dios no será cumplido o realizado sin que el ministerio apostólico sea restaurado a la iglesia.

Por largo tiempo la iglesia cristiana ha intentado cumplir los planes de Dios ignorando este vital ministerio. Dios llama al ave rapaz para ejecutar su consejo. Estos son los generales y comandos militares que movilizarán al pueblo de Dios hacia el cumplimiento de los propósitos de Dios. Necesitamos un pueblo que haga algo más que hablar y cantar. El apóstol tiene la autoridad para ejecutar y completar la comisión que el Señor le ha dado.

La iglesia apostólica debe ser ágil para ejecutar los planes del Señor y el halcón se mueve velozmente. No tarda mucho en alcanzar a su presa y devorarla. La iglesia que describe el libro de los Hechos se movió rápidamente y logró tremendos avances en un poco tiempo. El mover de Dios se aceleró y avanzó en Jerusalén a partir del día de Pentecostés. Esto provocó que rápidamente se añadieran muchos creyentes a la iglesia. Esta es la clase de unción que la iglesia necesitará en los últimos días para cumplir la Gran Comisión. Hay mucho trabajo que puede hacerse en un corto período. El Señor desea hoy hacer un trabajo acelerado.

La oración y el apóstol

Rogad, pues, al Señor de la mies, que envíe obreros a su mies.

Mateo 9.38

Estamos presenciando el más grande avivamiento de oración que el mundo jamás haya conocido. Hoy, mucho más que antes, la gente está orando por un avivamiento y una evangelización global. Los avances recientes en la ventana 10/40 —el área geográfica ubicada entre los grados 10º y 40º al norte de la línea ecuatorial, comprendida entre el este del África y el Lejano Oriente— han sido atribuidos al reciente movimiento de oración. Los equipos de oración están visitando lugares remotos y desolados para orar por el cumplimiento de la Gran Comisión. Hay ciudades que están sirviendo de puente para que, a través de la oración, se alcancen naciones con poca o ninguna presencia cristiana. Dios está moviendo a su pueblo a orar alrededor de todo el mundo.

¿Qué está sucediendo? ¿Es esta la señal de que estamos acercándonos a la verdad final de la evangelización mundial?. Yo creo que la respuesta es sí. El movimiento mundial de oración está liberando un espíritu apostólico sobre la Iglesia. Jesús nos animó a orar al Señor para que enviara obreros a su mies (véase Lucas 10.2). Recuerde, enviar es un término apostólico. Esto nos muestra la conexión entre la oración y el apóstol.

Cuando se habla de «lo apostólico» se refiere al concepto de enviar o ser enviado. El Señor siempre ha sido un Dios que envía. Dios envió a Moisés a Egipto cuando escuchó el lamento de su pueblo cautivo. Envió continuamente profetas a Israel para advertirles de las consecuencias de su rebelión. Envió a Juan el Bautista para preparar el camino del Señor. Envió a su Hijo unigénito para morir por los pecados del mundo. Envió al Espíritu Santo para ayudarnos y ser nuestro Consolador. El espíritu apostólico trata de esta misma naturaleza de Dios.

Nuestras oraciones mueven a Dios. Él envía obreros como resultado de nuestras oraciones. Esto es una de las razones por las que el Señor nos anima a orar. Cada nación necesita obreros apostólicos para traer la cosecha. Creo que en esta hora y como respuesta a las oraciones de millones de creyentes, serán levantados más apóstoles y ministerios apostólicos que nunca antes. En efecto, creo que el más grande espíritu apostólico que el mundo haya conocido está empezando a levantarse ahora. El mover de Dios que viene en camino será más grande que el que leemos en el libro de los Hechos.

Las iglesias más grandes del mundo están conociendo sobre lo que ocurre alrededor de la tierra. Hay más cristianos avivados que en cualquier otro tiempo de la historia. Estamos siendo testigos de más milagros y sanidades que las que se veían en otro tiempo. Hay más apóstoles y profetas sobre la tierra que antes. Estamos viviendo tiempos apostólicos.

Tiempos apostólicos

Mirad, oh menospreciadores, y asombraos, y desapareced; porque yo hago una obra en vuestros días, obra que no creeréis, si alguien os la contare.

Hechos 13.41

*Observad entre las naciones y mirad. Quedaos asombrados
y atónitos, porque yo haré en vuestros días algo que aun si
se os contase, no lo creeríais.*

Habacuc 1.5

Pablo citó la profecía de Habacuc al describir lo que
estaba ocurriendo en el libro de los Hechos. Esto cons-
tituía un peligro para los judíos que no creían que Dios
recibiría por su fe a un gran número de gentiles. Era algo
tan novedoso y aterrador que corrió el riesgo de ser
menospreciado. Habacuc les dijo que vigilaran entre los
paganos y las cosas asombrosas. Dios estaba a punto de
hacer algo entre las naciones del mundo que sería increíble.

Estos versículos describen lo que ocurría durante
los tiempos apostólicos. Ninguno dudaría que el libro
de los Hechos describe lo que ocurrió en la época apostólica. Sin embargo, lo que Habacuc describió puede
ocurrir en cualquier tiempo, y está ocurriendo hoy.

Dios está obrando en las naciones del mundo. Nosotros estamos vigilando las naciones y viendo lo que
quizás no hubiéramos creído hace varios años atrás.
Esta es la razón por la que estamos viviendo ahora en
tiempos apostólicos.

Los tiempos apostólicos son épocas en las cuales
Dios levanta un espíritu apostólico en la iglesia. Dios
empieza a levantar líderes e iglesias apostólicas. Esto
viene como respuesta a la oración, y esto es lo que está
ocurriendo hoy. Los apóstoles están siendo posiciona-
dos en cada nación para obtener la cosecha de los
últimos tiempos.

Oración con Poder

Aconteció en aquellos días que Jesús salió al monte para orar, y pasó toda la noche en oración a Dios. Cuando se hizo de día, llamó a sus discípulos y de ellos escogió a doce, a quienes también llamó apóstoles.

Lucas 6.12,13

Note que Jesús oró toda la noche antes de escoger a los doce. Otra vez, la oración libera lo apostólico. Animo a las iglesias a orar por sus ciudades y naciones para liberar un espíritu apostólico en esa región.

Nuestra iglesia local en Chicago ha enfatizado cada noche oraciones que liberen el espíritu apostólico de nuestra región. ¡Hace falta mucha oración! Cuanto más oremos más rápidamente se identificarán para cada región.

Necesitamos reconocer a ese a quien Dios ha escogido. ¿Y sabe qué? No siempre serán aquellos a quienes podemos identificar, puede que no sea ningún predicador conocido. A veces los siervos a quienes Dios escoge permanecen «escondidos» hasta que la oración los hace conocidos.

La oración no solamente libera el espíritu apostólico; también sostiene al movimiento apostólico. La oración libera el ímpetu y el despertar espiritual. Un ejemplo de esto lo vemos en la iglesia del libro de los Hechos, esta fue una iglesia de oración. Continuaron avanzando a pesar de la resistencia, persecución y aun la muerte. Oraron hasta que «el lugar donde ellos estaban reunidos tembló» (Hechos 4.31). El resultado de su oración fue una liberación apostólica de gran poder y abundante gracia (véase el v.33). Señales y maravillas fueron hechas, y «los creyentes fueron añadidos al Señor» (Hechos 5.14). El espíritu apostólico que resulta de la oración llena de crecimiento a la iglesia. Esta es una unción de cosecha.

Los apóstoles se dedicaron continuamente a la oración (véase Hechos 6.4). La oración es la fuerza del ministerio apostólico. Las iglesias apostólicas se están levantando por toda la tierra para ser casas de oración para las naciones (véase Isaías 56.7). Por lo tanto, podemos pedir a Dios por herencia a las naciones (véase Salmos 2.8).

Cuando oramos con sentido apostólico, a causa de la autoridad y poder que reside dentro de la unción apostólica, ocurren los más grandes milagros. Muchos han oído de la oración profética, pero pocos han escuchado de la oración apostólica.

La oración apostólica es una oración estratégica y de gobierno. Tiene una perspectiva global, con una sabiduría para cumplir el propósito de Dios para los últimos tiempos. Los apóstoles y los profetas nos darán acceso a los eternos propósitos de Dios. Aquellos que tienen contacto con los verdaderos apóstoles ganarán un mejor entendimiento de los propósitos de Dios, según se revela en la Palabra de Dios.

La oración apostólica trae revelación. El pueblo apostólico ora con la ventaja de la sabiduría de Dios. Esto es orar con la autoridad que viene de la revelación. Hoy oramos por cosas que hace cinco años atrás no hubiéramos pedido. Esto se debe a que estamos descubriendo cosas en la Palabra que nunca antes habíamos visto y, como resultado, nuestras iglesias son más fuertes y más profundas.

La oración apostólica es de guerra. Epafras fue un ferviente colaborador de oración en la iglesia de Colosas (véase Colosenses 4.12). La palabra «encarecidamente» denota pelea o contienda con un adversario, esforzarse. Los apóstoles y el pueblo apostólico contienden en oración con los poderes de las tinieblas. Este tipo de intercesión ayudará a los creyentes a estar conectados con la voluntad de Dios.

La oración apostólica es incesante (véase 1 Tesalonicenses 5.17). No descansa hasta que los planes y propósitos de Dios son completados. El ministerio apostólico es tenaz e implacable hasta finalizar su labor. No cesa a pesar de la resistencia o contratiempos temporales. Continúa adelante como pionero y atraviesa cada barrera hasta que la comisión sea cumplida. Esta es otra de las razones por las que Satanás odia y teme esta unción. Es una fuerza imparable. Es persistente y paciente a pesar de las pruebas y tribulaciones. Es un ariete contra las ciudadelas de las tinieblas.

El principio de Antioquía

Había entonces en la iglesia que estaba en Antioquía, profetas y maestros: Bernabé, Simón el que se llamaba Níger, Lucio de Cirene, Manaén el que se había criado junto con Herodes el tetrarca, y Saulo. Ministrando éstos al Señor, y ayunando, dijo el Espíritu Santo: Apartadme a Bernabé y a Saulo para la obra a que los he llamado. Entonces, habiendo ayunado y orado, les impusieron las manos y los despidieron. Ellos, entonces, enviados por el Espíritu Santo, descendieron a Seleucia, y de allí navegaron a Chipre.

Hechos 13.1-4

El tiempo apostólico se le llama a la época en la que se están levantado espíritus y ministerios apostólicos. Lo que estamos viendo hoy es posible gracias a la oración de ayer. Sin embargo, hay otra manera de liberar lo apostólico. La llamo el «principio de Antioquía» y se basa, según lo sugiere el nombre, a lo que sucedió en esta iglesia. Cuando los profetas y maestros trabajan juntos ministrando al Señor en ayuno, el Espíritu Santo dijo: «Apartadme a Bernabé y Saulo». ¿Apartados para qué? Para un ministerio apostólico. El hecho de ministrar al Señor y ayunar les ayudó a comenzar sus ministerios.

En este pasaje también encontramos un elemento profético para la iglesia de hoy. La Biblia identifica que había profetas y maestros ministrando al Señor y ayunando. En mi opinión, esto representa los dos movimientos que precedieron al mover apostólico del día presente.

La Iglesia ya conoce de la unción de enseñanza y de la unción profética. Es importante que estos movimientos caminen juntos para ayudar a liberar la unción apostólica. Los profetas y maestros no producirán apóstoles, sino más bien, serán un factor para se den a conocer. Sin embargo, esto no descarta el que algunos profetas y maestros se incorporen al ministerio apostólico.

El ayuno y la oración son prácticas para levantar apóstoles. Después que la iglesia de Antioquía ayunó y oró, enviaron a Bernabé y Saulo en misión. Estos dos apóstoles fueron el resultado del ayuno y la oración y luego fueron enviados por el Espíritu Santo.

Una unción para acabar la obra

Jesús les dijo: Mi comida es que haga la voluntad del que me envió, y que acabe su obra.

Juan 4.34

Observe las dos verbos: enviar y acabar. Jesús fue *enviado* por el Padre y Su voluntad era que *acabase* su misión. Este versículo combina enviar con acabar. El ministerio apostólico ha sido enviado a la Iglesia como «una unción para acabar la obra». Cuando hablamos de acabar no solo nos referimos a llegar al final de una tarea o carrera, sino también a completar, concluir y perfeccionar. El Señor está preparando a la Iglesia para completar su tarea. El ministerio apostólico es absolutamente esencial para hacer que la Iglesia cumpla este propósito. Sin el ministerio del apóstol, a la Iglesia le faltará la gracia, el poder y la autoridad para cumplir con la Gran Comisión.

Ahora, he aquí yo voy a Jerusalén con el espíritu encadenado, sin saber lo que me ha de acontecer allí; salvo que el Espíritu Santo me da testimonio en una ciudad tras otra, diciendo que me esperan prisiones y tribulaciones. Sin embargo, no estimo que mi vida sea de ningún valor ni preciosa para mí mismo, con tal que acabe mi carrera y el ministerio que recibí del Señor Jesús, para dar testimonio del evangelio de la gracia de Dios.

Hechos 20.22-24

¿Puede percatarse de cuál es la actitud de Pablo? Tuvo determinación para acabar su carrera. Estaba decidido a no permitir que nada lo desviara de completar su ministerio. Tenía la determinación y la dirección para acabarlo. Esta debe ser la mentalidad de la iglesia hoy. Debemos tener una mentalidad apostólica. Debemos estar dirigidos y tener la determinación de completar la Gran Comisión. Este tipo de mentalidad supera todos los obstáculos y estorbos que aparecen en el camino para impedir que se acabe la obra.

Las pruebas y las tribulaciones no disuadirán al verdadero ministerio apostólico. Hay una gracia que reside dentro de esta unción que supera toda oposición y atraviesa cada barrera y, lo más importante, no cesará hasta que la tarea sea cumplida.

11

Cómo enlazar los apóstoles a los profetas

Por C. Peter Wagner

El Dr. Wagner es reconocido como el apóstol del
Consejo de Profetas Ancianos, con oficinas centrales en
Colorado Springs, Colorado, EE.UU. Es director y
fundador del Instituto Wagner para Ministerios
Prácticos en la misma ciudad. Es cofundador del Centro
Mundial de Oración, también en Colorado, y es muy
reconocido como una autoridad en los temas de
crecimiento eclesiástico y guerra espiritual. Es autor
de numerosas obras incluyendo la serie *Guerreros de
Oración* publicada por Caribe-Betania Editores.
Él y su esposa viven en Colorado Springs.

Me encanta la analogía de estar «enlazado» a los profetas de la misma forma que dos buenos caballos de tiro están enlazados el uno al otro. Tanto Doris como yo nos criamos en granjas lecheras en los suburbios rurales de Nueva York. En los años 1930's, ambos vivimos en granjas en las que los caballos de tiro eran un equipo imprescindible. Todavía recuerdo cuando tenía cinco años y me dejaron guiar al grupo que arrastraba nuestro vagón de heno. En aquellos días no teníamos tractores.

Esto explica por qué a Doris y a mí nos gusta ir a espectáculos de ganado en los que nuestro evento favorito es la competencia de caballos de tiro. Nos encanta ver esos magníficos percherones, clydesdales, belgas y shires trabajando juntos como equipo. El clímax de todo es el evento de tiro de caballos en el que un equipo de dos caballos, que pueden pesar entre ambos unas cuatro mil quinientas libras, tiran hasta catorce mil libras de bloques de concreto en un trineo plano. Recuerdo una feria de condado en que tuvieron tiro de caballos individuales. El ganador tiraba cinco mil libras y el segundo lugar, cuatro mil. Pero cuando estaban enlazados, podían tirar ¡trece mil libras!

¿Qué dice esto de los apóstoles y los profetas? Los apóstoles pueden hacer algunas cosas buenas por sí mismos. Los profetas pueden hacer ciertas cosas buenas por sí mismos. Sin embargo, ¡enlazados pueden cambiar el mundo! Quiero explicar cómo puede ocurrir esto en la vida real.

Cómo halar juntos

Muchos criadores de caballos de tiro van en gira llevando a sus equipos de espectáculo en espectáculo. De esta manera los mismos equipos compiten entre sí en más de una ocasión. No es raro ver a un equipo ganarle al otro en un espectáculo, y que luego sea derrotado en el siguiente. ¿Cuál es la variable? Gana el equipo que hala junto. La figura central es el carretero de ciento ochenta libras que sostiene las riendas y controla más de dos toneladas de caballo. Cuando el equipo es enlazado al trineo, el público está en absoluto silencio. Los caballos están enrollados como resortes, temblando y moviéndose con mucha energía reprimida. De repente, el carretero grita: ¡Fuera! y los caballos salen. Si en el segundo en que el carretero grita ambos caballos están moviéndose juntos hacia el frente, ganan. Si no se están moviendo en la misma dirección en ese momento, aun el equipo más fuerte del espectáculo perderá. Es tan sencillo como eso.

Lo mismo ocurre con los apóstoles y los profetas. Tristemente, muchos apóstoles y profetas auténticos son perdedores. Hacen un poco que puede ser muy bueno pero nunca alcanzan el potencial que Dios ha dado porque no están tirando juntos.

Por otro lado, aquellos apóstoles y profetas que son ganadores han entendido, y aprecian, el rol mutuo que desempeñan en el reino de Dios. Saben cómo relacionarse entre ellos de una forma positiva. Constantemente se añaden valor entre sí mismos. Como diría Bill Hamon, son totalmente interdependientes.

Hay por lo menos dos maneras, ambas encontradas en el Nuevo Testamento, en las que los apóstoles y los profetas se relacionan entre sí:

- *Una relación casual.* En algún momento, un profeta y un apóstol se pueden encontrar en una misma reunión y el profeta pudiera tener una palabra de parte de Dios que darle al apóstol. Esto me ha pasado a mí frecuentemente. En el Nuevo Testamento, la relación que Pablo tenía con Agabo ilustra este punto (véase Hechos 21.10-13). Me gusta referirme a esto como la relación «Pablo-Agabo». Ellos no tenían una relación continua, era sencillamente casual.

- *Una relación estructurada.* En este caso el apóstol y el profeta se han colocado en una posición en la que se comunican entre sí regularmente. Esta relación puede ser tan cercana que su *modus operandi* es el de nunca llevar a cabo una actividad de ministerio importante sin la participación, o por lo menos el conocimiento del otro. El apóstol Pablo, quien integró a Silas a su núcleo ministerial, modela este tipo de relación (véase Hechos 15.40). Esta relación «Pablo-Silas» puede ser vista como que están «enlazados» entre sí, mientras que la relación «Pablo-Agabo» sería como estar «atados».

Mi relación apostólica con el profeta Chuck Pierce es un ejemplo de una relación Pablo-Silas. Estamos enlazados pues ambos somos oficiales de los Ministerios de Cosecha Global (Global Harvest Ministries). Vivimos en la misma ciudad, trabajamos en las mismas instalaciones, y frecuentemente viajamos juntos a los mismos lugares. Sin embargo, tenemos la precaución de que ninguno de los dos *controle* al otro. Yo no estoy tratando de hacer a Chuck a mi imagen y él no está tratando de hacerme a mí a la suya. El hecho de que somos bien diferentes el uno del otro en experiencias, temperamento, edad y dones sirve para fortalecer la relación. Hemos hecho un pacto de trabajo que se basa en el respeto y la confianza. Ninguno de nosotros se intimida ni teme al otro, lo que permite una mutua apertura y vulnerabilidad. El resultado neto es que continuamente nos agregamos valor a nosotros mismos y a nuestros ministerios.

Cómo cambiar el Movimiento Global de Oración

En una ocasión, Chuck Pierce trajo a mí palabra de Dios en la que decía que necesitaba recibir la visión sobre hacia dónde iba el movimiento mundial de oración, luego de llevar una década orando por la Ventana 10/40, de la que se comenta en el capítulo anterior. Necesitaba hacerse rápidamente. Esta fue una de las decisiones de más alcance que he sido llamado a hacer. Y tenía que ser mi decisión. Era una de esas cosas que el apóstol no puede delegar. Estaba maravillado pues, tan pronto le pregunté al Señor, la respuesta llegó de forma rápida y completa. Por los próximos cinco años debíamos enfocarnos en la Ventana 40/70 y debíamos cambiar de la Operación Palacio de la Reina a la Operación Dominio de la Reina.

¿Cómo sería capaz de diseñar una transición tan radical en tan poco tiempo? Aun cuando esto es lo que se esperaría de un líder con el don de apóstol, estoy convencido que no hubiera podido hacerlo sin el apoyo del ministerio de profetas. Chuck Pierce había escuchado de parte del Señor que se necesitaba una acción inmediata, y sabía cómo comunicármelo de modo que me provocara tomar los pasos que eran necesarios. Tres intercesores habían escuchado proféticamente que mi decisión debía ser la de cambiar hacia la Ventana 40/70 mucho antes de que siquiera le preguntara al Señor. Ellos cuatro, junto a muchos otros, estuvieron pidiendo fervientemente por mí de modo que al yo preguntar al Señor, Él pudiera revelarme claramente su voluntad. Me encanta esto pues hace mi tarea de apóstol más fácil y agradable.

Los cinco puntos para el ciclo apóstol-profeta

Si los apóstoles están apropiadamente enlazados a los profetas, si han establecido un pacto en su relación y se han puesto de acuerdo en halar juntos en el ministerio, surge un patrón que se repite. Es como un ciclo con cinco puntos claves. Analicemos punto por punto la dinámica de este ciclo:

1. El profeta se somete al apóstol

Cuando la Biblia dice que Dios puso primero a los apóstoles y segundo a los profetas (véase 1 Corintios 12.28), no estaba estableciendo una jerarquía. Lo que sí estaba haciendo era establecer una relación de procedimiento. Es como la relación de tiene el lanzador y el receptor en el juego de pelota. El receptor pide un lanzamiento pero es el lanzador quien tira la pelota. Además, cuando es necesario, el lanzador puede o no aceptar la jugada que pide el receptor. Ninguno de los dos es considerado con una posición más alta dentro de la jerarquía del equipo. Sin embargo, sí es cierto que cuando termina el partido es el lanzador ganador, y no el receptor ganador, el que va a los libros de marcas.

¿Qué es lo importante de esto? Que al final de la temporada, es el *equipo* quien gana la Serie Mundial y no un lanzador o un receptor. De hecho, puede que no sea ni el lanzador ni el receptor, sino el jardinero central o la primera base quien sea nombrado el jugador más valioso de la temporada. Sin embargo, ningún equipo gana la Serie Mundial a menos que los lanzadores y los receptores entiendan sus roles mutuos de interdependencia. Uno de estos roles es que el receptor está sometido al lanzador.

Nunca olvidaré la primera vez que hablé sobre estos cinco puntos del ciclo apóstol-profeta a un grupo de profetas. Cuando sugerí que los profetas comenzaran a someterse a los apóstoles, pareció como que una carga estática de electricidad hubiera arropado la mesa. Aun cuando todos mantuvieron un nivel apropiado de cortesía, soy un comunicador lo suficientemente capaz para saber cuando la audiencia no está totalmente convencida de lo que estoy diciendo.

Naturalmente, esto resurgió más adelante durante un periodo de discusión. Como soy bastante nuevo en esta área del ministerio, no me encuentro cargando mucho del bagaje que los veteranos, como aquellos profetas alrededor de la mesa, están cargando. Ellos han estado en estos menesteres por más tiempo, mientras que yo apenas estaba dando mi primer viaje. Afortunadamente, ellos me conocían lo suficiente como para entender y excusar mi «novatada», además de confiarme el porqué tenían problemas con el categórico principio de que «el profeta se somete al apóstol».

Aprendí que existe un residuo de desconfianza en los apóstoles de parte de algunos profetas. Cito a Bill Hamon diciendo: «Algunos profetas se están poniendo nerviosos y se están preocupando por la restauración de los apóstoles y tienen temor de que traten de estructurarlos en un plano restringido que Dios nunca propuso».[1] Esta incomodidad de parte de algunos profetas puede tener dos motivos: el **Movimiento de Pastoreo** o los apóstoles excéntricos.

El Movimiento de Pastoreo

Muchos profetas —y otros muchos líderes cristianos— están cargando heridas sin sanar o parcialmente sanadas de lo que se conoce como el **Movimiento de Pastoreo** o el Movimiento de Discipulado de la década de 1970. Este movimiento, dirigido por Bob Mumford y otros, tuvo

---

1 Bill Hamon, *Apostles, Prophets, and the Coming Moves of God* [Apóstoles, profetas y el mover venidero de Dios], Christian International, Destiny Image Publishers, Santa Rosa Beach, FL, 1997, p.139.

bastante notoriedad entre las iglesia carismáticas novatas de esos días. El movimiento llamaba a formar pirámides de responsabilidad en la que cada creyente mostraba su fe en Dios al hacer un pacto de sumisión incondicional con otro creyente al que llamaba «pastor». Esto, entre otras cosas, podía incluir el dar el diezmo del salario al «pastor».

En el 1975, Pat Robertson llamó la atención hacia este movimiento en una carta abierta. Luego de un periodo de intensa controversia, el movimiento comenzó a perder fuerza y, con todas sus intenciones y propósitos, hace ya mucho que salió de escena. Hasta Bob Mumford se ha disculpado y renunció al movimiento públicamente. Todavía hoy, muchos profetas veteranos tienen raíces en este movimiento carismático independiente y algunos fueron afectados directa o indirectamente por el Movimiento de Pastoreo. Es interesante que Pat Robertson, en su carta abierta, denunció como sectaria el uso de las palabra «relación» y «sumisión».[2]Durante el apogeo del Movimiento de Pastoreo, tenía mis manos llenas tratando que escaparme de la tradición cesacionista para poder abrazar el ministerio presente del Espíritu Santo. Estaba en la escuela elemental espiritual, por decirlo de alguna manera. En consecuencia, estaba ajeno a los movimientos carismáticos independientes o al Movimiento de Pastoreo, y hasta tengo dudas que haber podido identificar a Bob Mumford o a Pat Robertson en esos días. Sin embargo, ahora puedo entender claramente por qué muchos de los sobrevivientes de este

2 Harold D. Hunter, «Shepherding Movement», *Dictionary of Pentecostal and Charismatic Movements [Diccionario de los movimientos pentecostales y carismáticos]*, Grand Rapids, MI, Zondervan Publishing House, 1988, p.784.

movimiento podrían tener un serio problema con el uso de la palabra «sumisión».

Apóstoles excéntricos

La segunda razón por la que algunos profetas tiene dificultad en considerar someterse a los apóstoles es que han tratado de hacerlo y se han golpeado duro. Aún dejando aparte el **Movimiento de Pastoreo**, algunos apóstoles inmaduros se han conocido por ceder a la tentación del abuso espiritual. Debido a la increíble autoridad que Dios les delega, esta es una tentación que nunca saldrá del panorama. Es la primera arma secreta de Satanás en su intento por destruir el movimiento apostólico. Los apóstoles genuinos que están llenos del Espíritu Santo y han escogido ser santos en toda su conducta no cederán a esta tentación y en consecuencia su autoridad será una bendición, y no una maldición, para su equipo de ministerio apostólico y sus seguidores.

No obstante, ha habido apóstoles excéntricos. En primer lugar, algunos de ellos nunca han tenido el don del apostolado. Otros, pueden haber tenido el don, pero han intentado usarlo sin el fruto del Espíritu. Ninguna de estas cosas funciona, y aquellos que han sido seducidos por estos apóstoles, incluyendo a algunos profetas, son dignos de compasión. No puedo culpar a los profetas que han sido víctimas de una situación abusiva, han pasado por el trauma de tener que terminar con ella y que ahora digan: «¡Nunca más!».

La sumisión es bíblica

Entender algunos de los abusos de la sumisión cometidos en el pasado no nos da licencia para botarla porque no sirva. La Biblia enseña con claridad sobre la sumisión divinamente ordenada. En Efesios 5.21 nos dice: «Someteos unos a otros en el temor de Dios». Aquí nos habla dentro del contexto de la relación matrimonial. ¿Cómo Dios nos ordena a tratar la sumisión en el matrimonio? Las esposas deben obedecer a sus esposos así como la iglesia obedece a Cristo y los esposos deben amar a sus esposas como Cristo ama a la iglesia. Es cierto, algunos esposos han abusado de sus esposas de la misma manera que los apóstoles han abusado de los profetas. Esto ha provocado que algunas esposas se nieguen a someterse a sus esposos y han obviado la promesa de obedecer a sus votos matrimoniales. ¡Esto no funciona! Lo que hace es incrementar dramáticamente la tasa de divorcios y remover el piso del núcleo familiar.

Esto —y la mayoría de los consejeros matrimoniales lo saben— rara vez es culpa del esposo *o* de la esposa. Lo más frecuente es que sea culpa de ambos pues no han reconocido mutuamente la orden de Dios de someterse el uno al otro. El concepto de la sumisión no es la raíz del problema. La raíz es la falla de las partes involucradas en someterse apropiada y maduramente el uno al otro *en el temor de Dios.*

Apliquemos este principio bíblico de sumisión, de acuerdo a la orden de Dios, a los apóstoles y los profetas. Trabajaría como es debido si primero los profetas están de acuerdo en someterse a los apóstoles.

2. *Dios habla al profeta*

Permítame comenzar este tópico dándole mi definición del don espiritual de la profecía: «El don de la profecía es una habilidad especial que Dios da a ciertos miembros del cuerpo de Cristo para recibir y comunicar a su pueblo un mensaje inmediato de Dios a través de una palabra divinamente ungida».[3]Algunas personas tienen problema para entender el don de profecía por el hecho de que cada creyente, y no solo algunos, tiene la habilidad de escuchar a Dios. Muchos de nosotros creemos que la oración, por ejemplo, tiene dos direcciones. Hablamos con Dios al orar y Él no habla a nosotros. Pero el hecho es que algunos de nosotros escuchamos con más frecuencia y con más precisión la voz de Dios. ¿Por qué ocurre esto? En algunos casos puede ser culpa nuestra por no tratar con el suficiente empeño; otras veces, por no estar llenos del Espíritu Santo o porque existe algún pecado en nuestras vidas que está interfiriendo en nuestra relación con Dios.

El don de profecía y el oficio de profeta

Esto explica algunos casos, pero en otros la razón por la que algunos escuchan tan claramente a Dios es que Él ha escogido darles el don de profecía. No todo el mundo tiene el don de profecía. Si fuera así todo el cuerpo sería ojo y esto es imposible (véase 1 Corintios 12.17). Solo algunos pocos tienen el *don espiritual* de profecía, aunque todos los creyentes pueden escuchar la voz de Dios y profetizar de vez en cuando.

De esos que tienen el don de profecía, algunos pocos llegan a ser reconocidos por el cuerpo de Cristo

---

3 C. Peter Wagner, *Your Spiritual Gifts Can Help Your Church Grow* [Sus dones espirituales pueden ayudar a su iglesia a crecer], Regal Books, Ventura, CA, 1979, 1994, p.229.

como recipientes del oficio de profeta. Son estos últimos los que están incluidos en la lista de Efesios 4.11: «apóstoles, profetas, evangelistas, pastores y maestros». Quienes tienen el *don* de profecía y el *oficio* de profeta forman, junto a los apóstoles, el fundamento de la Iglesia (véase Efesios 2.20).

Existen dos formas en las que los apóstoles reciben la revelación de Dios. Esto luego se traduce en una visión clara de la dirección que Dios quiere que siga la iglesia. Una es que ellos reciban la revelación directamente y la otra es que Dios le dé la revelación a través de los profetas. Parece que el Plan A de Dios es usar a los profetas para este propósito. La Biblia dice: «Porque no hará nada Jehová el Señor, sin que revele su secreto a sus siervos los profetas» (Amós 3.7). Desde luego que Dios no está limitado por esto. Él puede seguir el Plan B para cumplir su propósito. Pero si lo hace, probablemente no es lo mejor para nosotros.

Antes de continuar, aclaremos que este punto número dos, «Dios habla al profeta», no trabajará como es debido sin el número uno, o sea que el profeta que escucha un mensaje de parte de Dios debe estar sometido a un apóstol. Si no hay un apóstol en la ecuación, terminamos con otro profeta frustrado. No sé cuántos profetas he escuchado lamentarse: «¿Por qué nadie me escucha?». No voy a cuestionar si estos individuos son profetas verdaderos o si han escuchado acertadamente la voz de Dios. Podrían estar altamente capacitados en ambos casos. Pero es muy probable que la razón de que pocos estén escuchando es que no hay un profeta que ponga las cosas en orden para que alguien escuche.

3. El profeta le habla al apóstol

Una vez el profeta escucha el mensaje del momento de parte de Dios, este debe ser llevado al apóstol. Mientras mejor se conozcan el apóstol y el profeta, y mientras más hayan trabajado juntos para organizar el ministerio, más fácil será esto. En cualquier caso, sin embargo, el profeta debe ejercer con madurez el discernimiento espiritual para llevar el mensaje al apóstol.

Existen por los menos dos formas en las que la palabra *rhema* de Dios puede venir al profeta. Primero, puede ser una profecía tipo *nabi*, la cual, de acuerdo a Chuck Pierce, puede significar «un mensaje sobrenatural que burbujea y sale».[4] Aunque no se limitan a esto, he visto a dos profetas a los que estoy íntimamente relacionado, Bill Hamon y Cindy Jacobs, recibir y hablar en muchas ocasiones este tipo de palabra que sencillamente «sale sin premeditación». Esto llega tan rápidamente que sin siquiera pensarlo se debe ejercer el discernimiento más como un reflejo espiritual que como un proceso de pensamiento cuidadoso. La profecía *nabi* es arriesgada, especialmente cuando es llevada a apóstoles o a otros líderes cuyas decisiones, guiadas como es de suponer por la profecía, puede afectar las vidas y destinos de muchas personas.

La segunda manera es a través de la intercesión profética. Cuando, por cierto tiempo, un profeta ha estado intercediendo por un apóstol, la probabilidad de certeza al hablar a la vida y ministerio de ese apóstol aumenta proporcionalmente. Además, el proceso de

---

4 Chuck D. Pierce and Rebecca Wagner Sytsema, *Receiving the Word of the Lord* [Cómo recibir la Palabra de Dios], Colorado Springs Publications, Colorado Springs, CO, 1999, p.15.

comunicar este tipo de palabra al apóstol permite mucho más espacio para un maduro discernimiento espiritual. Mi experiencia personal con profetas y profecías apunta con precisión a dos áreas especiales de discernimiento de parte del profeta:

Qué decir y qué callar

1. El profeta necesita decidir qué decir al apóstol y qué callar. Algunas palabras son dadas a los intercesores proféticos solo para que puedan ayudar a sostener al apóstol y este ni siquiera tiene que saberlo. En muchas ocasiones he recibido una llamada de alguno de nuestros intercesores proféticos personales con palabras como: «Peter, estuve orando por ti desde las tres a las seis de la mañana, y Dios me dio cinco revelaciones increíbles sobre ti y tu ministerio. Tengo el permiso para darte solo dos de ellas y son ...». Estoy profundamente agradecido por este tipo de discernimiento. Este intercesor es realmente un «escudo de oración». De hecho, algunos de mis intercesores personales más poderosos se comunican raramente conmigo, si es que lo hacen.

El momento puede hacer mucha diferencia

2. El segundo aspecto tiene que ver con el momento. El profeta puede recibe una palabra que sin dudas debe ser comunicada al apóstol, la pregunta es «¿cuándo?» Por ejemplo, los tres intercesores que habían escuchado sobre la transición del movimiento global de oración de la Ventana 10/40 a la Ventana 40/70 se habían comunicado la información entre

ellos, pero el discernimiento colectivo les dijo que no me lo dijeran hasta que Dios me diera la palabra directamente. Fue Bobbye Byerly quien me dijo sobre esto en la reunión en la que anuncié por primera vez lo de la Ventana 40/70 y debo decir que ella no trató de ocultar su emoción personal de ¡al fin poder decirlo! Frecuentemente, los profetas desearían que los apóstoles no fuesen tan lentos. Pero necesitan ser pacientes pues el momento para hablar en muy importante. Puedo imaginar perfectamente que si no hubiera escuchado la voz directa de Dios en relación a la Ventana 40/70, algunos hubieran tendido a sospechar que tomé mi decisión al ceder ante la opinión de algunos que tenían agendas escondidas y que querían usarme como apoyo.

Para darle otro ejemplo, en el 1999 mi decisión personal más importante fue la de disolver dos ministerios que había estado dirigiendo y consolidarlos en uno solo. Chuck Pierce supo desde el principio de este largo proceso que esto era exactamente lo que Dios quería que hiciera. Caminamos hombro a hombro durante los meses de transición, y de tiempo en tiempo Chuck me daba «un codazo» con una palabra que sin fallar era perfectamente apropiada para el momento. Cuando todo terminó y él me dijo que siempre supo lo que pasaría al final, le dije, con un toque de represión: «¿Por qué no me dijiste antes? ¡Nos hubieras economizado meses de sufrimiento! Con mucha calma respondió: «Peter, no podía decirte porque no estabas preparado. ¡Hubieras dañado todo el proceso!» A esto es a lo que me refiero sobre un profeta que ejerce el discernimiento en el momento apropiado.

Antes de pasar a otro tema, permítame relacionar esto al punto del profeta que habla la palabra de Dios al apóstol y del apóstol que la recibe; el apóstol está sujeto al profeta. Esto es un ejemplo adicional de «someteos unos a otros en el temor de Dios».

4. El apóstol juzga, evalúa, prepara estrategias y ejecuta
Ahora la carga de un serio discernimiento pasa del profeta al apóstol. Solo un apóstol tonto recibirá y actuará basándose en cada palabra profética que le llega. Debo decir, solo anoto un pequeño porcentaje del total de palabras proféticas que recibo en mi *Diario profético*. El porcentaje es extremadamente bajo cuando se trata de palabras *nabi* dichas espontáneamente, aun de las que se dicen en momentos de mucha intensidad con imposición de manos, con afirmaciones extravagantes de los que están alrededor de la mesa y grabadas en casetes. Muchos de estos casos —que son frecuentes— involucran más de lo que he llamado relaciones «Pablo-Agapo» que de las «Pablo-Silas».

Siento que es mi responsabilidad juzgar la profecías que vienen a mí. En muchos casos estoy juzgando la profecía mientras es dada, y a mitad de camino sé que el Espíritu Santo, que me ha llenado, no permitirá que ocurra. Cuando, por ejemplo, la persona que habla declara que seré consultado por reyes, presidentes y primeros ministros —lo que ocurre ocasionalmente— mejor me desconecto. Si es Dios el quien produce en mí el *querer* como el hacer (véase Filipenses 2.13), yo sé que Él no me ha dado más deseo (o «querer») de conocer políticos que de trabajar en minas de carbón por el resto de mi vida. He aprendido a ser cortés en situaciones como estas. Cuando la persona termina, digo: «Gracias. ¡Gloria de Dios!» y recibo el casetegrabado.

Los profetas no deben sentirse ofendidos

Una de las razones por las que estoy diciendo esto es que quiero que los profetas sepan que los apóstoles tienen que juzgar sus palabras y filtrarlas de las que no aplican. Los profetas no deben sentirse ofendidos por esto. No significa necesariamente que las palabras que no se reciben no eran acertadas. En algunos casos lo que significa es que no es el momento. Es muy importante recordar que en este punto, la carga de tratar con la palabra de Dios está sobre el apóstol y no sobre el profeta. Ha habido, y seguirá habiendo, muchas ocasiones en las que el apóstol debió haber recibido y actuado en cierta palabra profética, pero no lo hizo. En casos como estos, es el apóstol el responsable ante Dios por haber perdido la palabra y no el profeta que la trajo.

Una vez los apóstoles reciben la palabra como válida para el momento, comienza un proceso de evaluación. Bill Hamon dice: «No importa cómo se exprese, la profecía personal siempre será parcial, progresiva y condicional».[5] Para decir esto se basa, entre otras cosas, en 1 de Corintios 13.9: «Porque en parte conocemos, y en parte profetizamos». Estos tres factores se tomarán en cuenta en el proceso de evaluación. No se espera que necesariamente los apóstoles hagan esta evaluación de forma aislada. En muchos casos, los apóstoles entrarán en un periodo de consulta con otros participantes clave,

5 Dr. Bill Hamon, *Prophets and Personal Prophecy*, Destiny Image, Shippensburg, PA, 1987, p.145.

incluyendo los profetas, para estar seguros de que entendieron la palabra.

Cómo evaluar profecías relacionadas al mercado de valores

Como una ilustración personal de esto, uno de los profetas con quien estoy asociado, trajo una palabra en el 1998 en la que decía que el mercado de valores se iría abajo en junio y comenzaría a mejorar en septiembre. Mis fondos para el retiro, que son importantes para Doris y para mí en esta etapa de nuestras vidas, están en un plan autodirigido en el que puedo ponerlos o sacarlos del mercado de valores con una llamada telefónica automática. Tenía muchas de estas acciones en el mercado de valores en 1998, por lo que las saqué a finales de julio y las repuse a finales de septiembre. Como resultado, hice el equivalente a un generoso salario anual.

Esta profecía la evalué muy bien. Pero en 1999 esta misma persona tuvo una palabra de que el mercado de valores cambiaría el 18 de septiembre y se movería otra vez el 18 de octubre. Esta vez no evalué muy bien la palabra pues pensé que significaba que el 18 de octubre el mercado tendría una caída vertiginosa, por lo que me mantuve fuera del mercado por el resto del año. En esta ocasión, no perdí nada, pero si hubiera interpretado el movimiento de octubre como una subida, hoy día mis fondos de retiro valdrían mucho más. ¿Por qué estoy trayendo este tema tan mundano? Por una parte, porque mi acción en este caso no afectó a nadie más sino a Doris y a mí. Por otra, porque quería añadir que he escuchado muchas otras profecías relacionadas con las finanzas, como por ejemplo que el sistema bancario mundial se vendría abajo antes de que termina el siglo pasado, y ninguna de ellas provocó que tomara acciones personales. ¿Por qué tomé acción con estas? Por la relación «Pablo-Silas» que he desarrollado con esta persona con el paso de los años.

¿Cómo poner las cosas en orden?

Cuando una profecía ha sido juzgada y evaluada, es tiempo de actuar. Aquí es donde la unción del apóstol entra en acción. Pablo le escribió a Tito: «Por esta causa te dejé en Creta, para que *corrigieses* lo deficiente» (Tito 1.5ª, énfasis del autor). Desarrollar una estrategia y llevar a cabo un plan es lo que mejor hacen los apóstoles. Esto no significa que siempre están en control de lo que ocurre —aunque a veces es necesario— pues en este punto ya hay suficiente espacio para el trabajo en equipo y para delegar. Los apóstoles son muy pragmáticos. Ellos hacen lo que tienen que hacer para completar la tarea, la que en este punto ya saben que es la voluntad de Dios, y lo hacen bien.

5. *El profeta se somete al apóstol*
Dije al principio que habían cinco puntos en este ciclo. Por lo tanto, no se necesita ninguna explicación en este tópico pues es igual que el punto número uno.

Saturación de humildad

Una nota final en el examen de cómo los apóstoles están enlazados a los profetas es la necesidad de reconocer el rol de la humildad en la relación saludable entre estos líderes de alta categoría. En el tirón de caballos del que hemos estado hablando, es interesante que caballos de dos mil libras están sometidos a un carretero de ciento ochenta libras. La humildad es importante para los animales de tiro ganadores.

Sin embargo, la humildad es aún más importante para los apóstoles y los profetas. Aquellos de nosotros que somos reconocidos como apóstoles y profetas necesitamos conocernos lo suficientemente bien para estar conscientes del hecho de que hemos sido «exaltados» por Dios. Con esto no quiero decir que necesariamente obtengamos más coronas en el cielo el día del juicio final. Pero lo que sí quiero decir es que, aquí en la tierra, se nos han dado muchas más responsabilidades que las de un creyente promedio. Tenemos una visibilidad más amplia. Mucha gente a la que no conocemos sienten que nos conocen bien a nosotros. Estamos en la plataforma, ellos están en la audiencia. Nosotros escribimos libros, ellos los leen. Somos nombres «de la casa» en medio de nuestra esfera apostólica.

Dios nos hizo el fundamento de la iglesia (véase Efesios 2.20). Establecer esto no significa falta de humildad. Es, más bien, «pensar de nosotros con cordura» como se nos pide que hagamos en Romanos 12.3 y esforzarnos por vivir a la altura de lo que implica esta enorme responsabilidad.

Jesús dijo: «Porque el que se enaltece será humillado, y el que se humilla será enaltecido» (Mateo 23.12). Si tomamos este versículo literalmente, y no veo por qué no hacerlo, debemos concluir, aún cuando podemos estar reacios a hacerlo, que somos humildes. Si no somos humildes, Jesús mismo dice que no seremos enaltecidos. Con esto no quiero decir que debemos cesar en el empeño de ser más humildes de lo que ahora somos. No puedo negar que la tentación del orgullo siempre está rondando la esquina, y que de vez en cuando podemos caer y caemos en este pecado. Pero también es cierto que si no nos caracterizáramos día a día o semana a semana por un estilo de vida de genuina humildad, no seríamos apóstoles ni profetas auténticos.

La humildad está implícita en todo lo que he dicho en este capítulo. Pero permítame ser un poco más explícito. Note que en este proceso de estar enlazados y halar juntos, los apóstoles se humillan ante los profetas. Los apóstoles no van por ahí diciendo: «Soy el hombre de Dios a cargo de este ministerio y si Dios quiere hablarnos lo hará a través de mí». ¡No! Un verdadero apóstol dirá: «No soy el único que escucha la voz de Dios en este ministerio». Esto es humildad.

Los profetas, por su parte, se humillan ante los apóstoles. No tratan de controlar la forma en la que los apóstoles interpretan y ejecutan las palabras que han recibido. Esto es humildad, porque en muchas ocasiones el profeta «sabe» que el apóstol va por la ruta equivocada. En las relaciones apóstol-profeta que se han vuelto amargas, la falta de humildad de parte de los profetas al cruzar los límites y tratar de hacer la tarea de los apóstoles es frecuentemente el motivo que más ha contribuido al problema. Los profetas genuinos reconocen que si el apóstol comete un error, no es por culpa del profeta.

¡Los apóstoles y los profetas pueden cambiar el mundo si están apropiadamente enlazados unos a otros y son capaces de halar juntos!

12

Una asociación arriesgada: Cómo entender la relación entre los apóstoles y los profetas

Por James C. Laffoon

Por más de 25 años James C. Laffoon ha servido en el cuerpo de Cristo como misionero, pastor y director de institutos bíblicos. Actualmente, sirve como profeta principal en los ministerios «Morning Star International» (Estrella de la Mañana Internacional).

Estamos viviendo en una hora de avivamientos y cosechas sin precedentes. Mientras el espíritu de Dios se mueve por la faz de la tierra, las iglesias están creciendo exponencialmente y el evangelio está impactando ciudades enteras. Aun en Norteamérica y al oeste de Europa, las primeras brasas del fuego de avivamiento están ardiendo.

Uno de los epicentros de este torrente mundial ha sido América Latina. De acuerdo con algunas estadísticas, veinticinco mil cristianos latinoamericanos han sido bautizados cada día con el poder del Espíritu

Santo. Mientras entre gran avivamiento continúa, las naciones son estremecidas.

Aún a pesar de la magnitud de esta increíble cosecha, los números por sí mismos no pueden construir iglesias fuertes en Latinoamérica. De hecho, estoy convencido de que no experimentaremos la realidad cabal de Mateo 16.18 hasta que descubramos y mostremos a las personas excepcionales que Jesús ha escogido para edificar su iglesia:

> *Y yo también te digo, que tú eres Pedro, y sobre esta roca edificaré mi iglesia; y las puertas del Hades no prevalecerán contra ella.*

Estos dones de la iglesia, dados a individuos, se discuten en Efesios 4.7-16:

> *Pero a cada uno de nosotros fue dada la gracia conforme a la medida del don de Cristo. Por lo cual dice: Subiendo a lo alto, llevó cautiva la cautividad, y dio dones a los hombres. Y eso de que subió, ¿qué es, sino que también había descendido primero a las partes más bajas de la tierra? El que descendió, es el mismo que también subió por encima de todos los cielos para llenarlo todo. Y él mismo constituyó a unos, apóstoles; a otros, profetas; a otros, evangelistas; a otros, pastores y maestros, a fin de perfeccionar a los santos para la obra del ministerio, para la edificación del cuerpo de Cristo, hasta que todos lleguemos a la unidad de la fe y del conocimiento del Hijo de Dios, a un varón perfecto, a la medida de la estatura de la plenitud de Cristo; para que ya no seamos niños fluctuantes, llevados por doquiera de todo viento de doctrina, por estratagema de hombres que para engañar emplean con*

astucia las artimañas del error, sino que siguiendo la verdad en amor, crezcamos en todo en aquel que es la cabeza, esto es, Cristo, de quien todo el cuerpo, bien concertado y unido entre sí por todas las coyunturas que se ayudan mutuamente, según la actividad propia de cada miembro, recibe su crecimiento para ir edificándose en amor.

Esto sencillamente establece que cuando los dones ministeriales del apóstol, del profeta, evangelista, maestro y pastor se presentan en la iglesia, los resultados son increíbles. La iglesia descrita en este pasaje es vibrante, madura, fuerte y está en crecimiento.

A pesar de que todos estos dones ministeriales son vitales para edificar iglesias fuertes, en Efesios 2.19-20 encontramos que hay dos ministerios en particular que juegan un papel crítico en cuanto a poner el fundamento:

Así que ya no sois extranjeros ni advenedizos, sino conciudadanos de los santos, y miembros de la familia de Dios, edificados sobre el fundamento de los apóstoles y profetas, siendo la principal piedra del ángulo Jesucristo mismo.

El rol estratégico que tienen estos dos ministerios se ve también en la prioridad que se les da en 1 Corintios 12.27-28:

Vosotros, pues, sois el cuerpo de Cristo, y miembros cada uno en particular. Y a unos puso Dios en la iglesia, primeramente apóstoles, luego profetas, lo tercero maestros, luego los que hacen milagros, después los que sanan, los que ayudan, los que administran, los que tienen don de lenguas.

Finalmente, encontramos el poder de estos dos ministerios ilustrado en la relación del apóstol Pablo con Bernabé y Silas, quienes era profetas.

¿Por qué son estos dones ministeriales tan vitales para la salud de la iglesia? Primero, los apóstoles no son solo sembradores de iglesias con unción. Ellos han recibido la habilidad sobrenatural de parte de Dios de gobernar sabiamente tanto las iglesias individuales como grupos completos de iglesias, según la medida y la madurez del don dado a sus vidas. Los apóstoles también son dotados por Dios para resolver los problemas en las iglesias, reconocer líderes potenciales, impartir pasión apostólica y propósito, pastorear a quienes poseen los otros dones ministeriales que se mencionan en Efesios 4.11 y poner los fundamentos de doctrina crítica y de gobierno en la iglesia local.

Segundo, los profetas no son sencillamente personas ungidas que dan profecías personales a los individuos. Los profetas maduros y genuinos, dependiendo de la medida del don que han recibido, tienen la capacidad sobrenatural de percibir y proclamar la palabra inmediata de Dios a individuos, iglesias, ciudades y naciones. Están ungidos por Dios para discernir los ataques demoníacos, para revelar las estrategias divinas, para reconocer llamados y dones, para impartir dones proféticos y para proclamar acertadamente, a través de la predicación o la profecía, lo que Dios está diciendo en ese momento a iglesias específicas y a individuos.

Aún con lo eficaces que son los profetas para edificar individualmente iglesias, su eficacia aumenta considerablemente cuando trabajan como equipo. Sea la combinación de Jesús y Juan el Bautista o Pablo y Silas, la dinámica de equipo en el ministerio jugó un papel crítico tanto en el fundamento como en la construcción de la iglesia del Nuevo Testamento. ¡Hoy día no hay diferencia! Si queremos edificar iglesias fuertes, duraderas y que cambien al mundo, debemos redescubrir los secretos del trabajo profético y apostólico en equipo.

Esto, por lo tanto, es el tema ante nosotros. ¿Cómo pueden los apóstoles y los profetas trabajar juntos? Para ser lo más claro posible, discutiremos este tema tan crítico examinando los problemas que enfrentan los apóstoles y los profetas al trabajar juntos. Luego, consideraremos algunos ejemplos de equipos apostólicos-proféticos que se presentan en el Nuevo Testamento. Finalmente, discutiremos los principios necesarios para que los apóstoles y los profetas trabajen juntos de una forma eficaz.

Los problemas

Cuando miramos al Cuerpo de Cristo de hoy, encontramos que el equipo apostólico-profético es casi inexistente. Sea que las palabras proféticas nunca se cumplieron, que los estilos de traer la palabra eran ásperos o que las revelaciones eran tan esotéricas que no tenían uso práctico alguno, muchos apóstoles y otros líderes han tenido malas experiencias con los profetas. A estas experiencia también se añade el hecho de que muchos profetas, a nivel funcional, rechazan cualquier autoridad humana en los asuntos espirituales. Dicho de manera simple, si ellos creen que Dios les ha hablado ningún ser humano puede decir lo contrario. Como profeta, entiendo muy bien la tentación hacia una forma radical de misticismo que puede convertir los sentidos espirituales de una persona en la suprema autoridad en su vida.

Por otro lado, muchos profetas han sido seriamente lastimados por pastores y apóstoles con buenas intenciones. No puedo contar los profetas que han sido aplastados, bajo el pretexto de la corrección bíblica, por un líder que se ha sentido amenazado por la naturaleza de sus dones o frustrado por falta de madurez de este.

¿Por qué una relación con un potencial divino tan extraordinario es tan arriesgada? Primero, como todas las relaciones humanas, los pecados como el orgullo, la inseguridad, los celos, la ambición y la rebelión han deteriorado las relaciones entre estos individuos excepcionales. Sin las realidades bíblicas del perdón, la humildad y la sumisión a la autoridad, los apóstoles y los profetas nunca podrán relacionarse entre sí, sin importar cuántos libros se escriban y cuántos sermones se prediquen sobre el asunto.

Segundo, muchos profetas modelan sus ministerios en el patrón del profeta que se presenta en el Antiguo Testamento. No sé si han adoptado este modelo porque resulta más llamativo para sus egos o sencillamente porque el rol del profeta se delinea con más claridad en el Antiguo Testamento. Cualquiera sea el caso, he observado dos cosas: (1) Muchos profetas se relacionan con la Iglesia como los profetas del Antiguo Testamento se relacionaban con Israel. (2) Muchos profetas se relacionan con los apóstoles y los pastores de igual manera que sus contrapartes se relacionaban con los reyes. Para el propósito de este estudio, sin embargo, nos concentraremos en la segunda de estas dos observaciones.

En el Antiguo Testamento, los profetas ejercían independientemente de los reyes y los sacerdotes. Con excepción de los casos en los que un profeta más viejo le estuviera sirviendo de mentor, solo le rendían cuentas a Dios. Aunque trataran a los reyes enviados por Dios con respeto y deferencia, sus relaciones con los reyes incluía solo cuatro aspectos. Primero, en esos tiempos eran usados para ungir y coronar a los reyes. Aunque normalmente no coronaban de forma oficial a los reyes, el ungirlos con aceite era un paso crítico en el proceso de coronación.

Un ejemplo de esto lo vemos cuando Samuel unge a David (1 Samuel 16.1-13). Los profetas del Antiguo Testamento eran también la conciencia de las naciones así como de los reyes a quienes servían. Este aspecto ministerial puede verse en la vida de Jeremías, quien sirvió como conciencia de Judá por años, aun cuando su pueblo y sus reyes se negaron a aceptar la posibilidad de que Dios los castigara a través de los babilonios.

Los profetas también confrontaban a los reyes. Sea el caso de la confrontación de Elías con Acab (1 Reyes 18.1-19) o la represión de Samuel a Saúl (1 Samuel 15.12-31), los profetas del Antiguo Testamento confrontaban a los reyes de Israel y de Judá. Finalmente, los profetas traían una tremenda consolación a los reyes. Hasta el rey apóstata Acab recibió aliento y consuelo profético antes de la más trágica batalla de su vida (1 Reyes 20.13-30).

Obviamente, muchos de estos aspectos del ministerio del profeta son válidos hoy día. Hay momentos en los que el profeta debe consolar al apóstol o al pastor. Además, Dios usa a los profetas para discernir y revelar los llamamientos apostólicos en la vida de los líderes.

Aun para servir como la conciencia de las naciones, las iglesias o de los líderes, el profeta tiene un lugar en estos días.

Siempre se necesita para dar consuelo y aliento profético. Pero, como modelo único, el concepto de profeta del Antiguo Testamento es, cuando más, incompleto; y cuando menos, extremadamente peligroso. Para poder entender los problemas inherentes al modelo del Antiguo Testamento, debemos tomar unos minutos para examinar la relación entre los apóstoles y los profetas en el Nuevo Testamento. Para facilitar este estudio, tomaremos cuatro pares de relaciones: Jesús y Juan el Bautista; Pablo y Bernabé; Pablo y Silas; y Pablo y Agabo.

Las ilustraciones

Primero, en la relación de Jesús y Juan el Bautista, encontramos un poderoso ejemplo de un equipo apostólico-profético. Aunque todos los dones y ministerios de operaban a través de Jesús, Él es obviamente el fundador apostólico del cristianismo (Hebreos 3.1). Y en relación a Juan, encontramos en Lucas 7.26-27 que fue uno de los profetas más importantes de la historia. En Juan 1.32-37 vemos dos elementos críticos de su relación:

> *También dio Juan testimonio, diciendo: Vi al Espíritu que descendía del cielo como paloma, y permaneció sobre él. Y yo no le conocía; pero el que me envió a bautizar con agua, aquél me dijo: Sobre quien veas descender el Espíritu y que permanece sobre él, ése es el que bautiza con el Espíritu Santo. Y yo le vi, y he dado testimonio de que éste es el Hijo de Dios.*

El siguiente día otra vez estaba Juan, y dos de sus discípulos. Y mirando a Jesús que andaba por allí, dijo: He aquí el Cordero de Dios. Le oyeron hablar los dos discípulos, y siguieron a Jesús.

En los versículos 32 al 34, encontramos que Juan fue usado para reconocer a Jesús. A través de su relación profética con el Señor, fue capaz de mirar más allá del hecho de que Jesús era su primo menor y pudo discernir la mano del Padre en la vida de él. (No hay diferencia con los profetas de hoy. No puedo contar las veces en las que Dios ha usado mi llamamiento profético para reconocer el llamamiento apostólico en alguien).

Sin embargo, el ministerio de Juan no terminó con sencillamente reconocer la unción apostólica. En los versículos 35 al 37, encontramos que también fue llamado para revelar la identidad real y la unción de Jesús. Este era el propósito principal de la vida de Juan. Él fue llamado para decirle a las multitudes (las multitudes que fueron atraídas por la unción de su ministerio): ESTE es el nombre que necesitan seguir. Como profeta, he encontrado que este es uno de los papeles más críticos. En la familia de iglesia de la que formo parte, *Morning Star International* (Estrella de la Mañana Internacional), he sido usado repetidamente —en conferencias e iglesias— para mostrar la importancia estratégica de los apóstoles en nuestro equipo a las iglesias y personas a las que sirven y dirigen. Estoy convencido que de la misma forma que Juan «preparó el camino» para Jesús, los profetas de hoy están llamados a preparar el camino para que una nueva generación de apóstoles haga su trabajo.

Permítame ilustrar lo que quiero decir con «preparar el camino». A través del poder del oficio profético, los profetas pueden lograr la credibilidad necesaria para hablar a las áreas más susceptibles en la vida de la iglesia y de las personas. Por ejemplo, en muchas ocasiones las iglesias me invitan a hablar porque les gusta el don sobrenatural de la profecía. Lo que realmente necesitan, sin embargo, es un poco de la sabiduría práctica de un apóstol para solucionar los complejos problemas que enfrentan. Cuando me encuentro en situaciones como estas, uso la credibilidad que el don de Dios en mi vida ha producido para llevarles hacia la ayuda apostólica que necesitan.

En la relación entre Jesús y Juan el Bautista, también encontramos una de las más grandes pruebas del ministerio profético. Esta prueba es descrita en Juan 1.19-20 y 3.26-30:

Este es el testimonio de Juan, cuando los judíos enviaron de Jerusalén sacerdotes y levitas para que le preguntasen: ¿Tú, quién eres? Confesó, y no negó, sino confesó: Yo no soy el Cristo. Y vinieron a Juan y le dijeron: Rabí, mira que el que estaba contigo al otro lado del Jordán, de quien tú diste testimonio, bautiza, y todos vienen a él. Respondió Juan y dijo: No puede el hombre recibir nada, si no le fuere dado del cielo. Vosotros mismos me sois testigos de que dije: Yo no soy el Cristo, sino que soy enviado delante de él. El que tiene la esposa, es el esposo; mas el amigo del esposo, que está a su lado y le oye, se goza grandemente de la voz del esposo; así pues, este mi gozo está cumplido. Es necesario que él crezca, pero que yo mengüe.

¿Tú, quién eres? Esta pregunta precipitó el momento más decisivo de su vida. Después de todo, nunca nacerá un profeta más grande que Juan. Las multitudes, atraídas por la unción en su vida, fueron las más grandes vistas en Israel en siglos. Llegaban hasta los desiertos para escuchar su sonoro llamado al arrepentimiento y a la santidad. Ciertamente, como Elías, él era la personificación de todo lo que Dios estaba haciendo en la tierra. ¡Él fue quien plantó apostólicamente el reino de Dios en la tierra! Sin embargo, no era el Escogido y él lo sabía. Con estas palabras superó su prueba: «Yo no soy el Cristo, sino que soy enviado delante de él».

Todavía hoy día esta prueba está vigente. Aunque quizás no se dan cuenta, muchos profetas enfrentan la misma prueba que Juan enfrentó. La unción de Dios en sus vidas está atrayendo multitudes. Todo el mundo quiere una profecía personal y una revelación de los labios del profeta. Conferencias enteras quieren gozarse del fenómeno profético que rodea sus vidas. Aún las iglesias están clamando por estar bajo su cobertura profética.

Independiente de todo gobierno apostólico verdadero, los profetas se autoproclaman o algunos amigos con buenas intenciones lo presentan apóstoles o apóstoles proféticos. Aunque la cadena de iglesias que establecen se beneficiarán de la unción profética, adolecerán del plantar iglesias, abrir naciones y del poder pionero que resulta del liderato apostólico.

Personalmente conozco esta prueba muy bien. Hubo un tiempo en mi vida en el que estaba listo para proclamar que era un apóstol. Las iglesias querían mi ayuda, los pastores pedían mi cobertura y todo el mundo quería profecías. Este corto periodo fue el único tiempo en mi ministerio en que funcioné independiente de una autoridad apostólica. Estoy muy agradecido al Señor por haberme librado de una vida de tratar de ser algo a lo que Él nunca me llamó a ser. Él me unió a un increíble equipo de apóstoles que están comprometidos a plantar iglesias alrededor del mundo.

La próxima relación apostólico-profética que discutiremos es la de Pablo y Bernabé. Aunque es obvio que Pablo es un apóstol, muchos líderes cristianos disputarán el que Bernabé también lo es. Su lucha se basa en lo siguiente: (1) Bernabé fue enviado en una misión apostólica con Pablo desde la iglesia en Antioquía (Hechos 13.1-3) y (2) que a él, al igual que a Pablo, se le llama apóstol (Hechos 14.4). Aunque estos líderes cristianos pudieran estar correctos en su disputa, en mi opinión, el don principal en la vida de Bernabé era o el de profeta o lo que llamaría el Dr. Peter Wagner un apóstol profético. Cualquiera sea el caso, creo que el oficio de profeta era la unción más poderosa en la vida de Bernabé.

Esta opinión se basa en lo que sigue: primero, los apóstoles cambiaron su nombre de José a Bernabé (Hechos 4.36). El nombre Bernabé se deriva de una palabra caldea que significa «hijo de la profecía». Pienso que el cambio de nombre fue un reflejo del llamado y la unción que los apóstoles vieron en su vida. Y por último, Bernabé tenía mucha más experiencia ministerial que Pablo cuando su relación comenzó. Él fue el mismo hombre que Dios usó para reconocer la unción apostólica en la vida de Pablo y para revelarla a la iglesia de ese tiempo (Hechos 9.26-30; 11.25-26). No obstante, cuando salieron de Chipre (una de las paradas en su primer viaje apostólico), Pablo ya estaba a cargo del equipo.

La transición de liderazgo se refleja en el lenguaje de Hechos 13. En el versículo dos, el Espíritu Santo dice: «Apartadme a Bernabé y a Saulo para la obra a que los he llamado». Para el momento en que llegamos al versículo trece, se hace referencia al equipo como «Pablo y sus compañeros». ¿Fue este claro cambio de liderato una degradación para Bernabé debido a algún problema en su vida? No, simplemente ilustra el hecho de que a los apóstoles se les ha dado una mayor autoridad gubernamental que a los profetas (1 Corintios 12.28).

Como profeta, reconozco y disfruto el hecho de que Dios haya puesto mi vida bajo la autoridad apostólica. Cuando pienso en Rice Brooks, Phil Bonasso y Steve Murrell, los tres hombres apostólicos que Dios usó para establecer el ministerio del que soy parte, mi corazón se llena de agradecimiento por su liderato. Estos hombres me dieron (como el principal líder profético de nuestro ministerio) toda la influencia, la autoridad y las oportunidades que pude haber deseado. Sin embargo, tengo algo más que esto. Tengo la satisfacción de ver la unción y la fructificación (del ministerio que Dios me ha entregado a mí) aumentar exponencialmente, porque he estoy ministrando en un divino concierto con hombres con el don apostólico. En un ministerio lleno de apóstoles y evangelistas, no solo profetizo sobre la cosecha venidera, ¡vivo en medio de ella! Además, hago más que profetizar sobre el plantar iglesias y orar porque ocurra: tengo el privilegio del ministrar en iglesias plantadas alrededor del mundo, porque he escogido caminar con los hombre que tienen los dones de Dios para establecer la siembra. Sea Bernabé (o yo), nunca olvidemos que todos los profetas debemos hacer la pregunta: ¿quién tiene la autoridad?

Luego de separarse de Bernabé, Pablo invitó a Silas a unirse a su equipo ministerial (Hechos 15.40). Sabemos por Hechos 15.32 que Silas era un profeta. Una vez más, Pablo se unió en equipo con lo profético. El resto es historia. Dios usó a Pablo y a Silas para abrir ¡toda la provincia de Macedonia!

Es también interesante notar lo que ocurrió en la provincia de Macedonia cuando Silas no estaba con Pablo. Aunque es solo especulación, me he preguntado si los pobres frutos producidos por el ministerio de Pablo en la ciudad de Atenas (Hechos 17.32-34) se debieron al hecho de que Silas no estaba con él (Hechos 17.14). ¿Estaba perdiendo Pablo la revelación sobrenatural y la visión en el plano invisible que Silas pudo haber provisto? Como ya he dicho, todo lo que podemos hacer es especular.

Aunque la Escritura es virtualmente silenciosa en relación al trabajo apostólico-profético en equipo, he aprendido por mi propia experiencia que la productividad ministerial de los apóstoles y los profetas aumenta grandemente cuando trabajan en equipo. Creo que algunas de las razones de esto son las siguientes:

(1) Cuando la revelación profética del profeta se combina con la sabiduría del apóstol, existe todo un nuevo nivel de aplicación estratégica. En mi propia vida, he visto a apóstoles con los que he trabajado recibir la sabiduría de Dios para aplicar, con resultados increíbles, la revelación profética que he recibido.

(2) Las ideas que los profetas reciben dentro de la estrategia y el momento de Dios para las naciones, ciudades y personas son una ayuda increíble para un sembrador apostólico de iglesias.

(3) La combinación de la unción profética y las señales y prodigios que pueden acompañar al ministerio apostólico crean una atmósfera increíble para el avance del Reino.

Estoy convencido que esta poderosa combinación ministerial va a ser clave para completar la Gran Comisión.

La última relación apostólico-profética que discutiremos es la de Pablo y Agabo. Aunque ellos no tenían una relación de equipo íntima, Dios usó a este respetado profeta (Hechos 11.27-30) para hablar a la vida de Pablo en un momento crítico de su ministerio (Hechos 21.10-13):

Y permaneciendo nosotros allí algunos días, descendió de Judea un profeta llamado Agabo, quien viniendo a vernos, tomó el cinto de Pablo, y atándose los pies y las manos, dijo: Esto dice el Espíritu Santo: Así atarán los judíos en Jerusalén al varón de quien es este cinto, y le entregarán en manos de los gentiles. Al oír esto, le rogamos nosotros y los de aquel lugar, que no subiese a Jerusalén. Entonces Pablo respondió: ¿Qué hacéis llorando y quebrantándome el corazón? Porque yo estoy dispuesto no sólo a ser atado, mas aun a morir en Jerusalén por el nombre del Señor Jesús.

De este único encuentro profético podemos sacar dos observaciones:

(1) Es crítico que los apóstoles estén abiertos a recibir ministración profética de profetas que han sido probados y con quienes NO tengan relación de equipo. De hecho, en algunos momentos, un profeta que no esté íntimamente relacionado con la vida de la persona puede hablar con mucha más exactitud porque la palabra no es afectada por su conocimiento natural.

(2) A través del don profético, los profetas pueden traer a los apóstoles revelaciones que son vitales para sus ministerios. Sea una advertencia, aliento o consuelo, este aspecto del ministerio del profeta no debe ser minimizado.

Los principios

Ya al final del capítulo, permítame tomar un momento para presentarle los que considero con los principios guías en las relaciones entre apóstoles y profetas.

Principio #1 – Aunque hay mucho que aprender del modelo de los profetas del Antiguo Testamento, el patrón del Nuevo Testamento es que la vida de iglesia no es una de ministros independientes respondiendo a nadie más que a Dios.

Principio #2 – Dios ha colocado el oficio del apóstol por encima del oficio del profeta (1 Corintios 12.28). Dicho claramente, la función de los profetas es más eficaz si está bajo la cobertura del apóstol.

Principio #3 – Una de las cosas más difíciles de negociar en cualquier relación es la relación entre iguales. Aún cuando Dios ha colocado a los apóstoles en autoridad sobre los profetas, en muchos momentos también serán iguales y hasta amigos íntimos. Cuando este es el caso, el respeto mutuo, la humildad y la sumisión entre el uno y el otro es aun más importante. Aún cuando los apóstoles dirigen el equipo ministerial del que soy parte, todos nos hacemos responsables, en amor, de nuestros matrimonios, familias, vidas y ministerios. Además, ellos tratan cada palabra que comparto con el mayor respeto.

Principio #4 – Si bien Dios ha colocado a los apóstoles sobre los profetas, los profetas tienen la habilidad única de traer fortaleza, aliento, revelación y consuelo a los apóstoles. Por lo tanto, es vital que los apóstoles estén abiertos al ministerio del profeta.

Principio #5 – La capacidad fructífera de los apóstoles y los profetas puede aumentar increíblemente cuando hay disposición para trabajar en equipo. Sea la revelación provista por el profeta o la sabiduría y la gracia gubernamental del apóstol, estos ministerios tienen una habilidad de complementarse el uno al otro que es única en el reino de Dios.

Antes de terminar, permítame decir esto. Si bien la información expuesta aquí podría servir de ayuda cuando sea aplicada, no hay relación entre apóstol y profeta (ni aún entre el pastor y una persona con el don de profecía) que pueda experimentar éxito a largo plazo sin las actitudes bíblicas descritas en 1 Corintios 13.4-8:

El amor es sufrido, es benigno; el amor no tiene envidia, el amor no es jactancioso, no se envanece; no hace nada indebido, no busca lo suyo, no se irrita, no guarda rencor; no se goza de la injusticia, mas se goza de la verdad. Todo lo sufre, todo lo cree, todo lo espera, todo lo soporta. El amor nunca deja de ser.

No importa si usted es el más experimentado apóstol o profeta, o si es el líder más novato de su iglesia; si usted no tiene la paciencia, la benignidad, el perdón, la habilidad para confiar y un estilo de vida de humildad, será casi imposible que pueda mantener una relación ministerial de equipo duradera. ¡Permitamos que Dios edifique estas características vitales en nuestras vidas mientras buscamos el nacimiento de los equipos apostólico-proféticos que sacudirán las naciones del mundo en esta generación!

Otros títulos populares de Héctor Torres

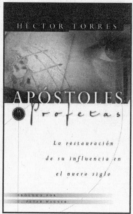